Couverture supérieure manquante

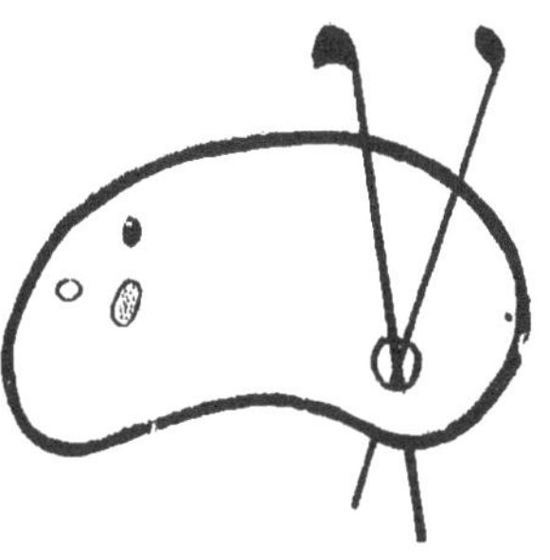

ORIGINAL EN COULEUR
NF Z 43-120-8

Imp. G. Saint-Aubin et Thevenot. — J. Thevenot, successeur, Saint-Dizier (Hte-Marne).

THÈSE

POUR LE DOCTORAT

La Faculté n'entend donner aucune approbation ni improbation aux opinions émises dans les thèses; ces opinions doivent être considérées comme propres à leurs auteurs.

UNIVERSITÉ DE PARIS. — FACULTÉ DE DROIT

LE MINEUR DE SEIZE ANS DEVANT LA LOI PÉNALE

THÈSE POUR LE DOCTORAT

L'ACTE PUBLIC SUR LES MATIÈRES CI-APRÈS
Sera soutenu le mardi 22 decembre 1896, à 1 heure

PAR

Raoul BRAULT

Président : M. LE POITTEVIN.
Suffragants : MM. PLANIOL, *professeur*.
SALEILLES, *agrégé*.

PARIS
LIBRAIRIE NOUVELLE DE DROIT ET DE JURISPRUDENCE
ARTHUR ROUSSEAU, ÉDITEUR
14, RUE SOUFFLOT, ET RUE TOULLIER, 13

1896

LE MINEUR DE SEIZE ANS

DEVANT LA LOI PÉNALE

INTRODUCTION

Quand un individu est poursuivi pour avoir accompli un fait que réprime la loi pénale, il faut se demander si le fait lui est moralement imputable (1), il faut se demander si l'auteur est responsable c'est-à-dire si, en commettant le crime ou le délit, l'auteur avait l'exercice de son intelligence et de sa volonté.

Par intelligence, il faut entendre la faculté de discerner l'illégalité de l'acte qu'il s'agit d'imputer ; par volonté, il faut entendre la faculté d'avoir voulu l'acte délictueux (faculté interne, libre arbitre) et de l'avoir librement accompli (faculté interne) (2).

Tout ce qui détruit, tout ce qui empêche entièrement l'exercice de l'une ou de l'autre de ces facultés détruit

(1) Ortolan (*Eléments de droit pénal*, I, n° 220) définit l'*imputabilité*, la possibilité de mettre un fait sur le compte d'une personne, d'affirmer qu'elle en est la cause efficiente ; la *responsabilité*, l'obligation de subir les conséquences du fait imputé ; la *culpabilité*, l'existence d'une faute c'est-à-dire d'un manquement à un devoir plus ou moins grave de la part de l'agent dans le fait à lui imputé.

(2) Garraud, *Traité théorique et pratique de droit pénal français*, I, n° 188, p. 322.

l'imputabilité ; tout ce qui restreint cet exercice diminue la culpabilité (1).

Au point de vue de la loi pénale, il est donc évident que l'enfant doit avoir une situation spéciale ; car, s'il a de très bonne heure le sentiment obscur qu'il encourt un reproche en faisant certains actes, il ne peut pas toujours apprécier ni les conséquences matérielles de l'acte qu'il commet, ni sa portée morale ou sociale ; en outre il est plus soumis aux impulsions sensuelles et a moins d'énergie pour les comprimer.

Si l'on s'appuie sur ces observations pour déterminer la condition juridique de l'enfant devant la loi pénale, « la règle scientifique est bien simple, dit M. Ortolan : là où l'enfant a agi manquant encore, soit de la liberté et de la raison morale, soit de la raison morale seulement, il n'y a pas d'imputabilité. Là où il a agi dans l'exercice de ces deux facultés, sans que néanmoins sa raison fût parvenue encore à un développement normal et à une entière maturité, il y a culpabilité moindre (2) ».

Mais il est difficile de faire l'application de cette règle en droit positif. Le développement de l'enfant varie suivant les races, les climats, les milieux, l'éducation et, parmi ceux de même race, suivant les individus ; la loi doit-elle laisser au juge toute latitude ou doit-elle, au contraire, prenant une moyenne pour la race à l'occasion de laquelle elle statue, fixer approximativement l'âge auquel elle estime que l'enfant a l'entier développement de ses facultés intellectuelles et morales ?

Dans son Code pénal de 1791, spécial aux cas de crimes,

(1) Ortolan, *Eléments de droit pénal*, 5e édition revue par Albert Desjardins, I, p. 110.

(2) Ortolan, *eod. loc.*, n° 251, p. 111.

l'Assemblée constituante a introduit le deuxième système; elle a fixé à la minorité pénale une limite unique, celle de seize ans accomplis.

Au-dessous de seize ans, le juge doit examiner si l'accusé a commis le crime *avec* ou *sans* discernement: en cas de négative, acquittement, sauf au tribunal criminel à ordonner, selon les circonstances, que l'acquitté soit rendu à ses parents ou conduit dans une maison de correction pour y être élevé et détenu pendant un certain temps; en cas d'affirmative, condamnation, mais avec un abaissement de peines déterminé par la loi. Au-dessus de seize ans accomplis, application des peines ordinaires.

Ces dispositions, généralisées pour les délits comme pour les crimes, ont passé avec de légères modifications dans le Code pénal de 1810 et forment notre droit actuel.

Ce sont ces règles, consacrées par notre Code pénal dans les articles 66 et suivants, dont nous voulons déterminer la portée et les difficultés d'application.

CHAPITRE PREMIER

FIXATION DE LA MAJORITÉ PÉNALE.

D'après notre législation criminelle, la majorité pénale est fixée à seize ans (art. 66, C. pén.).

C'est à partir de cet âge que l'adolescent est présumé dans les conditions normales de responsabilité.

La minorité pénale finit donc cinq ans avant la minorité civile.

Cette différence s'explique par ce fait que le discernement, au point de vue criminel, surtout pour les faits les plus graves, repose sur des notions beaucoup plus simples que le discernement au point de vue civil.

La distinction du bien et du mal se développe de bonne heure chez l'homme ; elle lui permet de comprendre les violations de la loi pénale et de les éviter. Au contraire la loi civile règle des rapports juridiques complexes, régit les relations les plus diverses de la vie sociale, il faut apprécier l'utilité des choses : « Elle suppose, pour être comprise, dit M. Garraud, un certain apprentissage de la vie pratique, une appréciation de l'utilité des choses. Or chez l'homme, la notion du *juste* arrive plus tôt que la notion de l'*utile* (1) ».

Cette observation a paru si juste au législateur que le Code civil lui-même déclare le mineur responsable de ses délits et de ses quasi-délits civils tandis qu'il lui permet

(1) Garraud, *Droit pénal*, I, p. 327.

de faire annuler ses obligations conventionnelles. Il est donc logique que la loi pénale ait fixé la majorité avant l'âge de vingt-un ans ; mais l'enfant n'a pas du premier coup son discernement tout à fait développé et l'enfant, au point de vue de la criminalité, ne peut être assimilé à l'homme fait ; par suite, jusqu'à seize ans, le mineur n'est pas présumé responsable, il faut établir qu'il a agi avec discernement. Au contraire au-dessus de seize ans, il est présumé responsable.

Étant donné ce principe, il est facile d'apercevoir l'intérêt considérable qu'il y a à fixer exactement le moment où la majorité pénale est acquise ; c'est la question que nous allons essayer de résoudre en premier lieu ; nous rechercherons ensuite à quel moment, de l'infraction du jugement, il faut se placer pour déterminer la minorité ; qui doit la prouver ; quelle juridiction est compétente pour la déterminer.

Nous devons remarquer ensuite qu'au-dessous de seize ans il y a une première période de l'enfance pendant laquelle certainement il y a irresponsabilité complète. Certaines législations ont fixé cette période ; elle n'existe pas dans notre Code. Un enfant peut toujours, quel que soit son âge, être poursuivi, sauf à examiner s'il y a vraiment lieu de le traduire en justice. En fait, il est recommandé aux parquets de ne pas poursuivre les enfants au-dessous de sept ou huit ans. Nous examinerons si notre loi doit être complétée sur ce point, s'il est utile de fixer législativement un âge d'irresponsabilité complète.

Enfin on a proposé de reculer la minorité pénale pour les hommes jusqu'à l'âge des engagements militaires ; nous rechercherons si cette réforme est justifiée et si elle pourrait donner des résultats appréciables.

Nous diviserons ce chapitre en six titres.

Titre I. — A quel moment est acquise la majorité pénale ?

Titre II. — A quel moment, de l'infraction ou du jugement, faut-il se placer pour déterminer la minorité pénale ?

Titre III. — Qui doit prouver la minorité ?

Titre IV. — Quelle est la juridiction compétente pour la déterminer ?

Titre V. — Y a-t-il lieu de fixer, par une disposition légale, un âge d'irresponsabilité pénale ?

Titre VI. — Y a-t-il lieu de reculer la minorité pénale de seize à dix-huit ans ?

TITRE PREMIER

A quel moment est acquise la majorité pénale ?

La majorité pénale est fixée à seize ans ; mais par seize ans, la loi entend-elle seize ans accomplis ou seize ans commencés ?

Le Code pénal de 1791, dans l'article 1er de la 1re partie du titre V, fixait cette majorité à seize ans accomplis : « Lorsqu'un accusé, déclaré coupable par le jury, aura commis le crime pour lequel il est poursuivi, avant l'âge de seize ans accomplis, les jurés décideront, dans les formes ordinaires de leurs délibérations, la question suivante : Le coupable a-t-il commis le crime avec ou sans discernement ? »

Il est à remarquer que la loi pénale actuelle n'emploie plus la même expression, elle nous parle seulement d'accusé ayant moins de seize ans. L'article 66 du Code pénal s'exprime ainsi : « Lorsque l'accusé aura moins de seize ans, s'il est décidé qu'il a agi *sans discernement*, il sera acquitté... » L'ancien article 340 du Code d'instruction criminelle, la loi du 28 avril 1832 (art. 4), qui a modifié cette disposition, s'expriment de la même manière : « Si l'accusé a moins de seize ans... »

Or, quand la loi a voulu indiquer un certain nombre d'années accomplies, elle l'a dit expressément ; l'article 66 *in fine* du Code pénal, nous dit que le mineur acquitté pourra être envoyé dans une maison de correction jusqu'à ce qu'il ait *accompli* sa vingtième année ; l'article 70 du Code pénal, nous parle de soixante-dix ans *accomplis*.

La loi pénale de 1810 a-t-elle eu pour but de modifier sur ce point la loi de 1791 et a-t-elle adopté, comme l'article 376 du Code civil, l'âge de seize ans commencés ?

Cette solution a été proposée, mais la doctrine et la jurisprudence sont unanimes pour décider que notre loi pénale a certainement voulu maintenir l'âge de seize ans accomplis comme âge de majorité pénale.

On objecte, il est vrai, qu'il y a lieu d'appliquer ici l'adage : *annus inceptus pro completo habetur*. Mais l'application de cet adage est fort discutable, elle est repoussée même en matière civile, notamment pour l'interprétation de l'article 903 du Code civil. Ainsi que le fait observer Dalloz : le sens grammatical des mots ne permet pas de considérer comme âgé de seize ans celui qui est entré seulement dans sa seizième année (1) ; la majorité ne peut donc être acquise, dans ce cas, que lorsque la dernière heure de la seizième année est sonnée (2).

Carnot, Chauveau et Faustin Hélie, Blanche soutien

(1) Dalloz, *Rép. alph.*, v° *Peine*, n° 427.
(2) Garraud, *Traité*, I, p. 311, note 25.

nent cette opinion et ils l'appuient en faisant remarquer qu'en matière criminelle on doit toujours préférer entre deux interprétations celle qui est le plus favorable à l'accusé. Or l'interprétation la plus favorable à l'accusé est celle qui donne à la minorité la durée la plus longue, car, majeur, le coupable est l'objet de mesures de répression tandis que, mineur, il est arraché à des influences démoralisatrices et il est soumis à des mesures d'éducation et de rénovation.

Nous pouvons ajouter que la jurisprudence, de plusieurs cours d'appel tout au moins, admet que le mot *accompli* doit être suppléé dans la plupart des dispositions de la loi relatives à des questions d'âge.

La Cour de Nîmes, par un arrêt du 17 mai 1888, a jugé que, « s'il est vrai que dans une foule d'articles de nos Codes où il est question de conditions d'âge, le législateur a fait suivre l'âge de ces mots *accomplis* ou *révolus*, il est vrai aussi que, dans une foule d'autres, il ne l'a pas fait et que, néanmoins, dans l'application de ces derniers articles, on a toujours agi comme si les mots révolus ou accomplis y avaient été insérés ; qu'il est de règle que l'âge se compte *de momento ad momentum*, que c'est pour ce motif que l'officier de l'état civil, lorsqu'il dresse un acte de naissance, doit non seulement indiquer l'année et le jour, où l'enfant « qui lui a été présenté est né, mais encore l'heure » (art. 57, C. civ.) (1).

On peut encore dire que M. Riboud, membre de la commission de législation, a parlé de seize ans accomplis dans son rapport au Corps législatif sur la loi formant le livre 2

(1) Nîmes, 17 mai 1888, Sirey, 1889.2.169. La Cour de Nancy a décidé aussi que la majorité se compte *de momento ad momentum*, 10 mars 1889, Sirey, 1889.2.105.

du Code des délits et des peines. « Pour déterminer l'influence que peut avoir l'âge de l'individu qui *n'a pas accompli* sa seizième année, disait M. Riboud, il est nécessaire de faire une distinction admise dans le Code de 1791 et conservée dans celui de 1810 ; elle a pour objet de vérifier s'il a agi avec discernement ou non » (séance 13 fév. 1810).

Ainsi en considérant :

1° L'interprétation littérale des termes de la loi ;

2° La règle que toute disposition ambiguë s'interprète en faveur de l'accusé ;

3° L'intention probable du législateur ;

4° Les travaux préparatoires du Code de 1810.

Il n'est pas douteux que la majorité pénale ne soit fixée qu'à seize ans accomplis et qu'elle ne soit acquise qu'à l'instant où, *de momento ad momentum*, il s'est écoulé seize années complètes depuis le jour de la naissance

TITRE II

A quel moment, de l'infraction ou du jugement, faut-il se placer pour déterminer la minorité pénale ?

L'article 66 du Code pénal, établit une présomption de non-culpabilité en faveur des accusés qui ont moins de seize ans et il ordonne d'examiner s'ils ont *agi* sans discernement.

C'est donc *au temps de l'action* qu'il faut se placer, c'est ce moment qu'il faut considérer pour savoir si l'accusé a plus ou moins de seize ans ; il importe peu qu'il ait accompli sa seizième année avant le jugement.

La doctrine (1) et la jurisprudence paraissent unanimes dans ce sens.

L'âge étant un des éléments de la culpabilité, il est évident en effet que les circonstances ultérieures à l'action ne sauraient influer sur l'étendue et l'appréciation de cette culpabilité, ce sont les circonstances de la cause au jour de l'action et non les circonstances de la cause au jour du jugement qu'il s'agit d'apprécier.

Dès 1818, la Cour de cassation a reconnu le principe en cassant un arrêt de cour d'assises qui n'avait pas soumis au jury la question de discernement alors que l'accusé avait moins de seize ans au moment du crime (2).

Garraud cite en sens contraire un arrêt de Cassation du 19 avril 1821 (3), mais, en réalité, la Cour ne s'était pas rétractée ; dans ce dernier arrêt, elle pose en principe que, si l'accusé n'a pas produit son acte de naissance, il y a présomption légale qu'il n'était point âgé de moins de seize ans *lors du crime* dont il a été déclaré coupable. Garraud se trompe sur la portée de cet arrêt en ce qui concerne notre question ; nous verrons un peu plus loin s'il y a lieu d'admettre la présomption légale que crée la Cour de cassation, mais nous devons reconnaître que la Cour, dans cet arrêt comme dans les autres, envisage le seul moment du crime et que, sur ce point du moins, sa décision est conforme au principe que nous admettons.

Depuis cette époque, la Cour suprême a d'ailleurs formellement reconnu, par arrêt du 26 septembre 1850, que

(1) Faustin Hélie, *Pratique criminelle*, II, p. 81 ; Garraud, *Traité*, I, p. 342, note 26 et les renvois.

(2) Cass., 17 septembre 1818, Dalloz, *Rép. alph.*, v° *Instruction criminelle*, n° 2572, p. 643, note 2.

(3) Cass., 19 avril 1821, Sirey, *Coll. nouv.*, t. VI, p. 422.

la question de savoir si l'accusé a moins de seize ans, ayant pour objet un fait essentiellement modificatif de la criminalité, doit être posée au jury toutes les fois que les énonciations de l'*arrêt de mise en accusation* ou les résultats du débat paraissent l'indiquer ; dans cet arrêt, la Cour reconnaissait donc que c'est le moment où le crime est commis qu'il faut seul considérer parce qu'il s'agissait là d'un fait essentiellement modificatif de la criminalité (1).

Plus récemment, la Cour suprême a consacré son interprétation d'une manière plus explicite encore ; un individu avait commis deux vols dans le courant du mois de mars 1880, il n'accomplissait sa seizième année que le 19 mars 1880 ; la Cour d'Orléans l'avait condamné sans se préoccuper de la question de discernement. La Cour suprême a cassé cet arrêt parce qu'il existait une incertitude complète sur la question de savoir si la perpétration de ces vols avait eu lieu, soit avant le 19 mars, cas auquel il eût été indispensable de déclarer que le prévenu avait agi avec discernement, soit postérieurement audit jour, condition nécessaire pour permettre l'application pure et simple, qui avait été faite par la Cour d'Orléans, de l'article 401 du Code pénal ; dès lors les constatations de l'arrêt étaient insuffisantes pour justifier la condamnation prononcée, cette condamnation, manquant de base légale, ne pouvait être maintenue et il y avait lieu de casser l'arrêt attaqué.

Ainsi donc, l'âge étant un des éléments de culpabilité, c'est au moment où le crime ou délit a été commis que l'on doit se placer pour savoir si l'on est en présence d'un

(1) Cass., 26 septembre 1850, Sirey, 1850.1.691.

mineur ou d'un majeur de seize ans. La jurisprudence a consacré cette solution : on peut d'ailleurs ajouter que le coupable ne doit pas souffrir des lenteurs de la justice et qu'il doit pouvoir invoquer les circonstances qui modifiaient sa culpabilité au moment où il s'est rendu coupable de l'infraction. La doctrine paraît unanime en ce sens.

TITRE III

Qui doit prouver la minorité ?

Pour répondre à cette question, il faut rappeler que le mineur de seize ans est protégé par une présomption d'irresponsabilité.

La loi présume, dit M. Lainé, que le mineur de seize ans a commis le fait sans discernement ; elle ne présume le discernement qu'à compter de l'âge de seize ans. Le ministère public doit donc établir que l'inculpé avait cet âge. C'est alors seulement que l'inculpé aura à la fois contre lui la preuve qu'il est l'auteur du fait et la présomption qu'il en est pénalement responsable, et devra succomber s'il ne détruit pas cette dernière charge. Jusque-là il n'avait aucune preuve à fournir (1).

Le moyen de preuve régulier et concluant, c'est la production de l'acte de naissance (2).

Si le mineur produit son acte de naissance, aucune difficulté ne s'élève, car l'acte fait foi jusqu'à inscription de faux.

(1) Lainé, p. 46.
(2) Ortolan, I, n° 228.

Si le mineur ne le produit pas, c'est au ministère public à le demander et à le joindre aux pièces (1).

Dès 1842, le ministre de la justice donnait des instructions dans ce sens.

« Il est indispensable, écrivait-il, de se procurer, avant le jugement, l'acte de naissance des enfants poursuivis. Cette pièce peut seule faire connaître si l'article 66 du Code pénal est applicable, et quelle peut être la durée de la détention. Dans les circonstances rares où cette production est impossible, il faut y suppléer en employant tous les moyens propres à constater l'âge des prévenus. En pareil cas, les tribunaux, au lieu de fixer la détention jusqu'à un certain âge, doivent déterminer le nombre d'années qu'elle va durer, en évitant soigneusement de dépasser l'époque présumée où les enfants auront atteint leur vingtième année. Ce dernier mode est plus conforme au texte de l'article 66, qui indique avec précision l'époque de la libération, je pense qu'il convient de l'employer de préférence, même quand l'âge a été authentiquement constaté » (2).

Mais, si le mineur est dans l'impossibilité de présenter cet acte, si cet acte ne peut être trouvé pour une cause quelconque, et le cas pourra être fréquent pour les enfants vagabonds ou abandonnés, devra-t-on présumer la minorité en faveur de l'accusé ou devra-t-on jusqu'à preuve du contraire le tenir pour majeur ?

A notre avis, la présomption est en faveur de l'inculpé, et l'obligation de la preuve contraire à la charge du ministère public.

Ainsi que le dit M. Ortolan, une présomption n'est

(1) Faustin Hélie, *Prat. cr.*, II, p. 81.
(2) Circulaire du ministre de la justice, 6 avril 1842.

qu'une indication tirée à l'avance de ce qui arrive communément en règle générale. Or c'est une règle générale que tous les hommes passent par l'âge de minorité avant de parvenir à un âge plus avancé. Si donc le ministère public prétend que l'inculpé avait plus de seize ans révolus, comme il s'agit d'une condition essentielle dans la question de culpabilité, c'est à lui à prouver que cette condition existe (1).

La Cour de cassation, par arrêt du 19 avril 1821, avait décidé cependant que, l'accusé n'ayant point produit devant la Cour d'assises son acte de naissance qui seul peut faire preuve de son âge, il y avait présomption légale qu'il n'était point âgé de moins de seize ans lors du crime dont il avait été déclaré coupable (2).

Il est vrai que cet arrêt avait surtout pour but d'établir qu'il n'est pas dans les attributions de la Cour de juger le mérite des actes qui n'ont pas été produits devant les tribunaux qui avaient rendu le jugement attaqué; on ajoutait que, la loi n'établissant aucune nullité pour le cas où le ministère public aurait négligé de faire telle ou telle vérification relativement à l'âge de l'accusé, il est impossible de casser pour ce motif un arrêt de Cour d'assises.

La décision était juridique en soi, mais la formule du motif sur lequel la Cour s'appuyait était un peu trop large; aussi cette décision a-t-elle soulevé de vives critiques.

En 1850, la Cour de cassation fut saisie d'une espèce analogue; Me Lauvin, qui soutenait le pourvoi, affirma que la présomption légale, dont la Cour avait consacré

(1) Ortolan, I, n° 287. Ortolan fait le même raisonnement pour la question de discernement.

(2) Cass., 19 avril 1821. Sirey, 6e volume, p. 423 *et la note*.

l'existence dans les motifs de l'arrêt de 1821, était une hérésie.

Qu'est-ce, en effet, en matière criminelle, disait-il, qu'une présomption légale contre la défense, alors qu'aucun texte ne vient révéler son existence ?

Qu'est-ce qu'une présomption légale, à l'aide de laquelle un accusé, quel que soit son âge, serait-il un enfant de trois ou quatre ans, pourrait être frappé des peines les plus sévères, même de la peine de mort ?

Est-ce que les articles 66 et 67, en ce qu'ils prescrivent l'acquittement des accusés ayant agi sans discernement, ne sont pas des lois d'ordre public ? Est-ce qu'il est possible d'admettre des présomptions dont l'application peut mener à la violation des lois d'ordre public ? Et puis, l'âge de moins de seize ans, c'est ce qui atténue la criminalité, c'est ce qui l'efface et la fait disparaître complètement, tandis que l'âge de seize ans accomplis, c'est ce qui constitue la criminalité dans sa plénitude, avec toutes les conséquences pénales. L'âge de seize ans accomplis est donc à l'âge de moins de seize ans ce que la culpabilité est à l'innocence. Or dire que, quand l'accusé ne prouve pas, par son acte de naissance, qu'il a moins de seize ans, il y a présomption légale qu'il a seize ans accomplis, c'est-à-dire que, quand l'accusé ne prouve pas son innocence, il y a présomption légale qu'il est coupable ; c'est méconnaître les principes les plus élémentaires du droit (1).

Cette présomption légale d'ailleurs, ajoutait Me Lanvin, avait déjà été repoussée par d'autres arrêts de cassation des 17 septembre 1818, 20 avril 1827 et 10 juin 1839 (2) ; elle est énergiquement flétrie par tous les auteurs.

(1) Sirey, 1850.1.692.
(2) Sirey, *Coll. nouv.*, V, 1.533 et VIII, 1.574.

A la suite de cette vigoureuse plaidoirie, la Cour de cassation rendit un arrêt dans lequel elle reconnaissait que la question de savoir si l'accusé a moins de seize ans a pour objet un fait essentiellement modificatif de la criminalité (1).

Dès lors n'en résulte-t-il pas qu'il est nécessaire d'établir l'âge de la même manière que tous les faits qui servent à la conviction du juge en le déterminant d'après tous les indices ou moyens possibles de conviction (2), c'est-à-dire, à défaut d'acte de naissance, par tous moyens de preuve, présomptions, témoins, par écrit, etc. (3)? Et ce sera au ministère public à faire la preuve que l'inculpé avait plus de seize ans accomplis au moment de l'infraction et non à l'inculpé à prouver qu'il n'avait pas cet âge. Une condamnation ne peut être prononcée en effet, dit M. Garraud, que si la juridiction compétente a reconnu l'existence de tous les éléments constitutifs de la criminalité, et c'est au ministère public à les établir : or l'âge est un de ces éléments.

Nous concluons donc en disant que l'âge étant un des éléments de culpabilité, c'est au ministère public à prouver cet élément comme les autres :

1° Par l'acte de naissance ;

2° A défaut d'acte de naissance, par les mêmes moyens qui servent à établir la culpabilité ;

3° S'il y a doute enfin, s'il est impossible d'établir l'âge par une preuve quelconque, il faut résoudre la question en faveur du prévenu (4).

(1) Cass., 26 septembre 1850, Sirey, 1850.1.632.

(2) Ortolan, I, n° 288.

(3) Faustin Hélie, *Pratique criminelle*, II, p. 84 et Garraud, *Traité*, I, p. 342 et note 27.

(4) Cf. Faustin Hélie, *Pratique criminelle*, II, p. 84.

TITRE IV

Quelle est la juridiction compétente pour déterminer la majorité pénale ?

A. Quand une excuse est invoquée, ni le juge d'instruction, ni la chambre des mises en accusation ne peuvent l'examiner, c'est le juge chargé de statuer définitivement qui doit résoudre la question d'excuse.

Quand il s'agit d'un prévenu ou inculpé mineur de seize ans, il en est forcément autrement. D'une part, en effet, la minorité constitue une excuse atténuante dans certains cas, mais elle constitue aussi une cause de non-imputabilité, d'autre part, la comparution du mineur de seize ans devant la Cour d'assises ou devant le tribunal correctionnel dépend de l'âge du prévenu : le juge d'instruction et la chambre des mises en accusation, chargés de régler la compétence et de décider s'il y a lieu de poursuivre, sont obligés de rechercher quel est l'âge du prévenu et appelés ainsi à décider de la minorité.

Le juge d'instruction, qui estime que le prévenu était mineur de seize ans, le renvoie directement devant le tribunal correctionnel qui n'est pas lié, du reste, par cette ordonnance indicative et non attributive de juridiction.

Il n'est pas nécessaire, quoiqu'il s'agisse d'un crime, que l'ordonnance du juge d'instruction soit soumise à la chambre des mises en accusation.

Un individu, poursuivi pour un vol qualifié dont la peine est celle des travaux forcés à temps, âgé de moins de seize ans et sans complices présents, avait été envoyé directement devant le tribunal correctionnel.

Il intenta un pourvoi en Cassation en prétendant que l'article 133 du Code d'instruction criminelle avait été violé et que les pièces de procédure devaient être transmises au Procureur général pour être statué par la chambre des mises en accusation. Le pourvoi fut rejeté, car l'article 130 du Code d'instruction criminelle prescrit à la chambre du conseil des tribunaux (juge d'instruction depuis la loi du 17 juillet 1856) de renvoyer le prévenu devant le tribunal correctionnel si le délit est reconnu de nature à être puni par des peines correctionnelles et l'article 133 n'ordonne l'envoi au Procureur général que dans le cas où les juges estiment que le fait est de nature à être puni par des peines afflictives et infamantes ; or, aux termes de l'article 68, l'individu âgé de moins de seize ans, sans complices présents au-dessus de cet âge et qui est prévenu de crimes autres que ceux que la loi punit de la peine de mort, etc., doit être jugé par le tribunal correctionnel ; donc, bien que le demandeur fût prévenu d'un vol qualifié, dont la peine est celle des travaux forcés à temps, il n'y avait pas lieu de suivre les formes établies par l'article 133 du Code d'instruction criminelle ; c'est l'article 130 qui trouvait ici son application (1).

Il est bien évident que la décision du juge d'instruction n'est que provisoire ; si le tribunal correctionnel reconnait que l'accusé est majeur, il doit se déclarer incompétent.

Au contraire, quand le juge d'instruction envoie devant la chambre des mises en accusation et que celle-ci a déclaré majeur un accusé qui prouve à la Cour sa minorité, la Cour d'assises ne peut se déclarer incompétente,

(1) Cass., 20 avril 1850.

La Cour de cassation l'a formellement reconnu par un arrêt du 20 avril 1827.

La Cour d'assises du Lot-et-Garonne avait été saisie, en vertu d'un arrêt de renvoi de la chambre des mises en accusation de la Cour d'Agen, d'une accusation portée contre un individu dont l'âge n'était pas exactement déterminé ; les indications de l'acte de naissance et de l'acte d'accusation ne concordaient pas avec les indications contenues dans l'ordonnance de prise de corps.

La Cour d'assises se déclara incompétente, mais la Cour de cassation cassa cette décision en affirmant que l'arrêt de renvoi de la chambre des mises en accusation n'était pas simplement indicatif de la compétence, qu'il en était attributif et qu'il n'aurait appartenu qu'à la Cour de cassation de l'annuler, s'il lui eût été déféré dans le délai prescrit par la loi ; que la Cour d'assises n'avait pas le droit de le réviser et de l'anéantir, en déniant, sous prétexte que l'accusé était âgé de moins de seize ans, la compétence que cet arrêt lui avait attribuée. Les arrêts des chambres d'accusation, quand ils ont acquis l'autorité de la chose jugée, lient irrévocablement les Cours d'assises, parce qu'investies de la plénitude de la juridiction criminelle, elles ne doivent jamais se déclarer incompétentes, soit à raison de la qualité des personnes, soit à raison de la nature des faits qui leur ont été déférés, et la loi du 25 juin 1824 n'a apporté aucune modification à ces principes ; si elle a ordonné (art. 1er) que les individus âgés de moins de seize ans, prévenus de crimes, seraient jugés correctionnellement, elle n'a pas chargé les Cours d'assises d'annuler les arrêts qui renverraient mal à propos devant elles ces individus ; par suite la Cour d'assises ne pouvait décider la question d'âge sans sortir des bornes de sa compétence, c'était au jury à déclarer si, au moment des crimes imputés à l'accusé, celui-ci était ou non âgé de moins de seize ans (1).

Ainsi donc le juge d'instruction et la chambre des mises en accusation ont le devoir de résoudre la question d'âge et leur décision est indispensable puisque c'est d'elle que dépend la détermination de la juridiction compétente, sauf aux juridictions de jugement à trancher les incertitudes ou les contradictions à ce sujet.

B. Supposons maintenant le mineur renvoyé devant la juridiction de jugement.

a Devant la *Cour d'assises*, il y a lieu de se demander si c'est au jury ou à la Cour qu'il appartient de décider que le mineur avait ou non seize ans accomplis au jour de l'infraction.

Certains auteurs ont fait remarquer que les jurés ne doivent répondre que sur les questions qui leur sont posées et que la question d'âge ne figure pas sur la liste des questions que nous indiquent les articles 337 et suivants du Code d'instruction criminelle ; c'est donc la Cour qui, d'après cette opinion, devrait juger les questions d'âge.

La Cour de cassation a sanctionné cette théorie par décision du 16 septembre 1836 en cassant un arrêt qui constatait que le président avait posé au jury la question d'âge.

Dans cet arrêt du 16 septembre 1836, la Cour s'appuyait sur ce que le Code d'instruction criminelle énumère toutes les questions qui doivent être soumises au jury, et qu'il ne comprend pas dans cette énumération la question relative à l'âge de l'accusé ; elle décidait par suite que, dans

(1) Cass., 20 avril 1827, Sirey, 8e volume, 1, 574.

l'ordre progressif des débats devant la Cour d'assises, lorsque cette question se présente, elle doit être jugée préalablement à toute position de questions au jury, puisque de sa solution dépend le point de savoir s'il y a lieu de poser au jury la question de discernement dans le cas prévu par l'article 340 du Code d'instruction criminelle ; que, par conséquent, c'est à la Cour d'assises qu'il appartient exclusivement de prononcer sur l'âge de l'accusé qui se prétend âgé de moins de seize ans, etc. (1).

Mais c'est là une doctrine inexacte : « En matière criminelle, dit M. Lainé, la question d'âge est de la compétence du jury parce que l'âge est un élément de la culpabilité pénale. Toutes les questions touchant à la culpabilité sont dans les attributions du jury. »

Nous pouvons ajouter que la minorité constitue, suivant les circonstances de la cause, non pas seulement un élément de culpabilité, mais aussi quelquefois une excuse atténuante ; dans les deux cas, c'est la juridiction de jugement qui est compétente pour statuer sur la question et la question d'âge doit être posée au jury ; en vertu de l'article 337 dans le premier cas, en vertu de l'article 339 dans le second.

S'il n'y a pas d'incertitude sur l'âge de l'accusé, le président de la Cour d'assises pose directement la question de discernement.

S'il y a doute ou incertitude sur l'âge de l'accusé, le président doit : 1° soumettre au jury la question de savoir si l'accusé avait seize ans ; 2° subsidiairement ou éventuellement la question de savoir s'il a agi avec discernement.

Le président devra donc poser au jury ces deux ques-

(1) Cassation, 16 septembre 1836, Sirey, 1837, 1. 175, 176.

tions à la suite de la question principale : l'accusé était-il âgé de moins de seize ans au moment du crime ci-dessus spécifié ? A-t-il agi avec discernement ?

Le jury doit examiner la question et la résoudre : dans le doute, il doit se prononcer en faveur de l'inculpé. Si elle résulte de l'arrêt de mise en accusation, ou des débats, quand même l'accusé ne la discuterait pas, elle doit être, à peine de nullité, soumise au jury (1).

La Cour de cassation nous paraît avoir une jurisprudence très ferme en ce sens : nous avons cité, il est vrai, un arrêt contraire du 16 septembre 1836, mais, dès 1811, la Cour suprême avait décidé que « cette circonstance d'âge doit, selon les articles 340 et 346 du Code d'instruction criminelle, donner matière à une question dont la décision entre dans les attributions du jury et qu'il ne peut y avoir de jury que dans les affaires qui s'instruisent criminellement devant les Cours d'assises (2) ». Le 20 avril 1827, elle décidait « qu'il n'appartient qu'au jury de déclarer si, au moment des crimes imputés à l'accusé, il était ou non âgé de moins de seize ans, et la Cour d'assises ne pouvait décider cette question sans sortir des limites de sa compétence (3) ».

L'arrêt de 1836 a rompu cette uniformité, mais cet oubli des principes n'a pas été renouvelé par la Cour. Par arrêts du 4 mai 1839 (4), du 26 septembre 1846 (5), du 26 septembre 1850 (6), du 3 mars 1881 (7), la Cour de cas-

(1) Lainé, n° 220.
(2) Cass., 4 avril 1811, Sirey, C. N., 3e vol., 1. 319.
(3) Cass., 20 avril 1827, Sirey, C. N., 8e vol., 1. 574.
(4) Cass., 4 mai 1839, Sirey, 1839. 1. 947.
(5) Cass., 26 septembre 1846, Sirey, 1846. 1. 756.
(6) Cass., 26 septembre 1850, Sirey, 1850. 1. 692 et 693.
(7) Cass., 3 mars 1881, Sirey, 1881.

sation a formellement reconnu que c'est au jury seul à trancher la question d'âge et que le président de la Cour d'assises doit poser cette question au jury à peine de nullité toutes les fois que les énonciations de l'arrêt de mise en accusation ou les résultats du débat paraissent l'indiquer (1).

Tous ces arrêts s'appuient uniquement sur le même motif : c'est que « la circonstance de l'âge de l'accusé au-dessous de seize ans est essentiellement modificative de la criminalité ; qu'aux termes des articles 66 et 67 du Code pénal, elle efface le crime ou change la peine, selon que l'accusé est déclaré avoir agi avec ou sans discernement ; qu'elle ne peut pas être fixée d'une manière absolue, et par la seule considération de l'époque à laquelle l'accusé a pris naissance ; mais qu'elle doit l'être dans son rapport avec l'époque souvent incertaine, à laquelle il aurait commis le crime qui lui est imputé ; que cette circonstance se lie donc au fait même de l'accusation ; qu'elle en forme un des principaux éléments, d'où il suit que la solution de la question qui le concerne rentre nécessairement dans les attributions du jury » (2).

Du moment que la minorité constitue un fait essentiellement modificatif de criminalité, il est indispensable en effet de la soumettre au jury toutes les fois qu'une incertitude s'est manifestée dans une des phases de la procédure : *a fortiori* la question doit-elle être posée quand elle est formellement articulée.

C'est ce qu'a consacré la Cour de cassation le 26 septembre 1846, en cassant un arrêt de la Cour d'assises des Bouches-du-Rhône : attendu que, dans l'espèce, le défenseur

(1) Cass., 20 septembre 1830.
(2) Cass., 4 mai 1839, Sirey, 1839.1.947.

de l'accusé a pris des conclusions formelles pour établir que celui-ci était âgé de moins de seize ans au moment où il avait commis les crimes à lui imputés ; et que, néanmoins, la Cour d'assises a rejeté ces conclusions et refusé de poser au jury la question de l'âge de cet accusé, et, par suite, celle de discernement, en décidant elle-même qu'il avait plus de seize ans à l'époque des faits mentionnés dans l'acte d'accusation ; en quoi ladite Cour a commis un excès de pouvoir entrepris sur les attributions du jury, privé l'accusé d'un de ses moyens de défense, faussement interprété ledit article 340 et violé cet article et les articles 66 et 67 du Code pénal (1).

En conséquence, puisque l'âge est un élément essentiel de culpabilité et que la déclaration de minorité modifie la criminalité, c'est au jury à trancher cette question comme tous les autres éléments de culpabilité.

b) Si le débat sur l'âge s'élève devant le *tribunal correctionnel*, c'est le tribunal qui tranchera la question de même qu'il tranche la question de culpabilité pour les mêmes motifs que nous avons indiqués plus haut ; dans le doute, il devra se prononcer en faveur de l'inculpé.

c) Si le mineur est traduit devant le *tribunal de simple police*, il faut, pour que la question d'âge puisse être soulevée devant le juge de paix, admettre que la question de discernement peut être posée devant cette juridiction, c'est-à-dire que la pénalité peut être atténuée ou enlevée, suivant qu'il y a ou non discernement. Nous verrons plus loin que le juge de paix doit tenir compte du discernement, par conséquent, si un doute s'élève dans son esprit sur l'âge de celui qui a commis une contravention, c'est

(1) Cass., 26 septembre 1846, Sirey, 1846.1.756.

à lui à trancher cette question comme tous les autres éléments de culpabilité.

C. La question d'âge peut-elle être soulevée pour la première fois devant la Cour de cassation ?

La question d'âge peut et doit être soulevée, dans le procès, non seulement en première instance, mais encore en appel, soit par l'inculpé, soit par le ministère public, soit même d'office par le tribunal.

Mais, si la question d'âge ne s'est pas élevée dans le procès et se produit, après la condamnation, dans le pourvoi formé devant la Cour de cassation, peut-on considérer comme une cause de nullité le défaut de vérification d'âge? En raison, oui, dit M. Lainé ; car il en est résulté l'inobservation des articles 66 et suivants qui organisent un système de protection des mineurs de seize ans en vue d'une bonne administration de la justice (1). Par son aveu même, l'accusé ne doit pas pouvoir empêcher l'application des règles de l'article 66 destinées à assurer la correction. D'après Trébutien (2), la loi qui fixe l'âge du discernement est une loi d'ordre public, à laquelle le prévenu n'a pu renoncer et dont la violation constitue un moyen de cassation.

Cette doctrine avait d'abord été adoptée par la Cour de cassation qui avait successivement cassé deux décisions de jury de jugement parce que la question de discernement n'avait pas été posée et qu'il en était résulté une fausse application de peine (3).

Mais depuis, par arrêts des 19 avril 1821, 27 février

(1) Lainé, *op. cit.*

(2) Trébutien, 1, p. 334.

(3) Cass., 9 messidor an VIII, Sirey, *C. N.*, 1er vol., 1. 335 ; Cass., 8 brumaire an IX, Sirey, *C. N.*, 1er vol., 1. 383.

1845, 3 mars 1881, la Cour a constamment décidé le contraire ; dans son arrêt de 1845, elle affirmait que : « l'accusé ayant constamment déclaré qu'il était âgé de dix-sept ans dans tous les actes de la procédure et devant la Cour d'assises, c'était sur ce fait ainsi établi par lui-même et sur lequel il n'avait été élevé aucun doute que la Cour d'assises avait prononcé ; que c'était avant qu'elle n'eût statué et lorsqu'elle était saisie de l'accusation que l'exception résultant de l'âge devait être formée, et que le condamné était non recevable à la proposer pour la première fois devant la Cour de cassation (1) ».

Dans son arrêt de 1881, la Cour de cassation, après avoir constaté en fait que l'accusé avait constamment déclaré, devant le juge d'instruction, dans l'interrogatoire subi devant le Président des assises, aux débats, qu'il était âgé de 21 ans sans contradiction de la part de qui que ce fut, décidait que « dès lors aucune incertitude à cet égard ne s'étant manifestée à aucune des phases de la procédure, il n'y avait lieu pour le Président d'interroger le jury, ni sur l'âge de l'accusé, ni éventuellement sur la question de savoir s'il avait agi sans discernement ». Il est vrai que depuis, avec son pourvoi devant la Cour de cassation, il produisit une pièce qualifiée d'acte de notoriété qui paraissait établir qu'il n'avait pas seize ans accomplis au moment où les faits incriminés avaient été commis, mais la Cour rejeta ce pourvoi : « attendu que lors même que l'on pourrait considérer cette pièce comme tenant lieu d'un acte de naissance régulier, c'eût été au jury seul qu'il eût appartenu de statuer sur la question de fait qui serait résultée de sa production, et que ladite pièce n'ayant

(1) Cass., 17 février 1845, Sirey, 1845.1.544.

point été présentée, elle ne peut être produite aujourd'hui pour la première fois devant la Cour de cassation qui n'a pu être saisie de l'examen de la procédure et de l'arrêt de condamnation (1) ».

Cette jurisprudence s'appuie sur cette observation, exacte en somme, que la Cour de cassation n'ait pas jugé des questions de fait et que la constatation de l'âge est une question de fait.

On a objecté cependant, ainsi que nous l'avons dit plus haut, que l'inculpé ne peut pas plus renoncer au bénéfice des articles 66 et suivants qu'il ne peut renoncer à la prescription (2). Mais, dit M. Lainé, « il y a peu d'analogie entre ces deux matières, c'est aux autres causes de non-culpabilité ou d'excuse que le défaut de discernement doit être comparé. Dans le cas où, contrairement au vœu de la loi, l'on a omis, dans le procès, de constater soit la démence, soit la contrainte, soit la légitime défense, soit une excuse, que l'inculpé aurait pu invoquer, mais que rien n'a révélée et que personne n'a fait valoir, il n'en résulte pas une cause de cassation ». Il en est de même pour la minorité de seize ans. Aussi, ajoute M. Lainé, « lorsque la Cour suprême, à propos d'un acte de naissance produit pour la première fois devant elle, a répondu qu'il n'est pas dans ses attributions de juger le mérite des actes qui n'ont pas été produits devant les tribunaux qui ont rendu le jugement attaqué (3), cette fin de non-recevoir était juridique (4).

(1) Cass., 3 mars 1881. Sirey, 1881.
(2) Trébutien, I, p. 110.
(3) Cass., 19 avril 1821 et 27 février 1845.
(4) Lainé, I, 220 ; dans le même sens, Le Sellyer, *De la criminalité*, nº 113. — En sens contraire, Trébutien, I, p. 119.

On peut observer d'ailleurs qu'il serait bien difficile à la Cour de cassation de baser ses décisions sur une violation de la loi quand la question d'âge n'a pu être soulevée et qu'elle n'a même pas été incertaine. Ainsi que le fait observer M. Lainé, la loi suppose bien que l'on constatera l'âge de l'inculpé : elle en impose même implicitement le soin au ministère public, aux magistrats de l'instruction et aux juges. Mais elle ne fait pas expressément de cette vérification une formalité à remplir. Sans doute, s'il a été reconnu que l'accusé avait moins de seize ans, l'article 340 du Code d'instruction criminelle exige, à peine de nullité, que la question de discernement soit posée. Sans doute aussi ce texte, au cas où la procédure a signalé quelque incertitude sur l'âge de l'accusé, en rend la vérification nécessaire parce que la question, se trouvant par là même soulevée, ne saurait être négligée sans illégalité (1). Mais, conclut M. Lainé, lorsque rien n'a attiré l'attention sur l'âge de l'inculpé, la loi, n'ordonnant pas formellement de le vérifier, n'a pas été violée (2).

En droit, cette jurisprudence paraît donc bien fondée, mais il est vraiment regrettable qu'un mineur qui a omis de réclamer cette qualité soit puni d'une peine criminelle et qu'il ne puisse se prévaloir de sa minorité s'il parvient à découvrir son âge avant l'expiration des délais de cassation : il est regrettable aussi qu'un mineur qui préfère une courte peine d'emprisonnement à une longue correction puisse se jouer des magistrats et de la loi, et régler à sa guise par ses mensonges la situation qui doit lui être faite. Nous reviendrons plus loin sur cette question à l'occasion du discernement.

(1) Cass., 26 septembre 1850, Sirey, 1850.1.691.
(2) Lainé, I, 220.

Il est vrai qu'à cette situation M. Lainé propose un remède : on pourra, dit-il, par la grâce ou la commutation de peine, empêcher les effets d'une condamnation prononcée à tort contre un mineur de seize ans dont l'âge est demeuré ignoré pendant le procès.

Mais n'est-ce pas s'illusionner un peu et amoindrir le respect dû aux décisions de justice que de les reconnaître injustes et de compter sur la grâce ou la commutation de peine pour réparer ces injustices ?

Si nous devons nous résigner à subir cette interprétation de la loi, ne vaudrait-il pas mieux appliquer par extension l'article 443 modifié par la loi du 10 juin 1895 aux termes duquel : « La revision pourra être demandée en matière criminelle ou correctionnelle, quelles que soient la juridiction qui ait statué et la peine qui ait été prononcée : 4° lorsque, après une condamnation, un fait viendra à se produire ou à se révéler, ou lorsque des pièces inconnues lors des débats seront représentées de nature à établir l'innocence du condamné. ».

Il est évident que l'hypothèse dont nous nous occupons n'a pas été prévue par la loi du 10 juin 1895 ; d'autre part, il faut reconnaître que cet article 443 modifié parle de faits ou de pièces de nature à établir l'innocence du condamné, ce qui paraît s'entendre spécialement de faits ou de pièces établissant la non-culpabilité absolue de ce condamné.

Mais les termes très généraux de la disposition contenue dans l'article 443-4° ne permettent-ils pas une interprétation extensive ? Dans le doute, il faut appliquer la loi la plus favorable à l'accusé. En permettant la revision du procès dans les cas où la question de minorité n'a été ni soulevée, ni incertaine, n'est-il pas certain qu'on assurerait l'application équitable de la loi et le respect des décisions de la justice ?

TITRE V

Y a-t-il lieu de fixer par une disposition légale un âge d'irresponsabilité pénale ?

Notre loi pénale a fixé à seize ans l'âge à partir duquel la responsabilité absolue est présumée ; elle divise la vie humaine au point de vue pénal en deux périodes seulement et elle ne fixe aucun âge au-dessous duquel il y aurait irresponsabilité.

Il est un âge cependant où l'innocence de l'agent est une certitude ; cet âge est la première enfance. La loi ne doit pas livrer à la justice des enfants dans lesquels il est impossible de supposer un discernement quelconque de l'action qu'ils ont commise. Elle ne doit pas permettre que leur vie soit flétrie à l'avance par un jugement public lorsque leur innocence est évidente (1) : « Il est, a dit Rossi, entre le jour de la naissance d'un homme et l'âge de seize ans un point où la présomption d'innocence s'affaiblit assez pour que l'acte individuel mérite d'être examiné. Mais, avant d'atteindre ce point, la présomption d'innocence est tellement forte qu'elle doit dominer sans partage et ne point admettre d'examen. Placer sur la sellette un enfant qui n'a pas huit ou neuf ans accomplis, c'est un scandale, c'est un acte affligeant qui n'aura jamais l'assentiment de la conscience publique. C'est une éducation qu'il faut donner à ces petits infortunés ; on ne peut songer à leur infli-

(1) Chauveau et Faustin Hélie, *Droit pénal*, I, p. 485 et s.

ger une peine. Qui pourrait la prononcer avec une parfaite conviction de la culpabilité de l'accusé ? Qui pourrait affirmer que la condamnation ne serait pas un mouvement de haine contre le fait en soi, plus encore qu'une appréciation impartiale de la culpabilité de son auteur (1) ? »

Le Code pénal de 1791 ne faisait aucune distinction entre les enfants en bas âge et les autres mineurs de seize ans.

C'est ce système que notre Code pénal a suivi en ne fixant aucun âge au-dessous duquel la présomption d'irresponsabilité deviendrait absolue, et constituerait un obstacle infranchissable à la condamnation des enfants.

« Le silence du Code pénal sur ce point, dit M. Appleton, a soulevé les plus vives critiques. La question de la fixation d'un âge d'irresponsabilité pénale, autour de laquelle semblent graviter les plus graves problèmes que soulève la situation de l'enfance coupable, après avoir été examinée et résolue en sens divers par la plupart des criminalistes, a fait l'objet d'intéressantes discussions, tant au Congrès pénitentiaire de Saint-Pétersbourg en 1890 qu'à la Société générale des prisons (2). Nombreuses ont été les solutions proposées ; mais, bien que chacune d'elles diffère des autres par des détails assez importants, on peut les grouper en trois faisceaux. Pour certains criminalistes, les articles 66 et suivants du Code pénal suffisent à tous les besoins ; il est inutile de les modifier en fixant un âge d'irresponsabilité pénale ; pour d'autres, cette fixation est nécessaire ; elle répond à la réalité des faits : philosophiquement et pénalement, elle s'impose ;

(1) Rossi, *Traité de droit pénal*, II, p. 33.

(2) *Bulletin de la Société des prisons*, 1892, pp. 1-29, 129-166, 249-276, 413-451.

pour le dernier groupe enfin, la question est mal posée : il ne s'agit pas de savoir si l'enfant est ou non philosophiquement responsable, mais quelles sont les mesures que la société, dans les limites de son intérêt, a le droit et le devoir de prendre à l'égard des enfants coupables, pour sa protection et la leur » (1).

Il y a longtemps déjà que MM. Chauveau et Faustin Hélie avaient signalé cette lacune de notre loi pénale ; à leur avis (2), la justice et l'humanité réclamaient une distinction entre les enfants en bas âge et les autres mineurs de seize ans.

Si on voulait combattre cette législation par l'absurde, dit M. Guillot, on la montrerait amenant sur les bancs de la police correctionnelle un enfant dans ses langes ; on en trouve, paraît-il, qui méchamment se livrent à des voies de fait précoces, en mordant le sein qui les allaite comme l'enfant dont parle Pascal.

Il faut parler sérieusement, ajoute M. Guillot : si l'on rencontre par exception, dans des maisons de correction, des enfants de sept, huit ans, c'est qu'il y a malheureusement des êtres chez lesquels les lois de la nature n'évoluent pas dans les conditions ordinaires : leur intelligence se développe pour le mal, comme chez d'autres pour le bien et le beau, avec une rapidité anormale. Mais ce sont de rares prodiges, et ce n'est pas sur ce point, très secondaire, que le Code pénal semble appeler les réformes les plus urgentes.

En réalité, ainsi que le montre M. Guillot, notre Code ne mérite pas de grands reproches : « La loi française, au

(1) Jean Appleton, *De la fixation d'un âge d'irresponsabilité pénale* (1893), p. 2.

(2) Chauveau et Faustin Hélie, *Droit pénal*, I, p. 485 et s.

lieu de faire de la théorie, et de vouloir fixer, avec une rigueur mathématique et sujette à l'erreur, le point de départ du discernement, n'a-t-elle pas été plus prudente en s'en rapportant au bon sens du magistrat ? Celui-ci sait bien que, puisqu'il est armé d'un pouvoir d'appréciation sans limite, il aura toujours le droit d'acquitter l'enfant, comme ayant agi sans discernement, et, si les parents sont inaptes ou indignes, de le mettre sous la tutelle de l'État, qui pourra, à son gré, le confier à une œuvre de bienfaisance, mais en gardant toujours sur lui, ce qui est essentiel, une autorité tutélaire » (1).

Néanmoins de nombreux jurisconsultes, Rossi, Ortolan, Chauveau et Faustin Hélie, insistent pour introduire en France une législation semblable à celle des autres États ; ils présentent, pour obtenir cette réforme, les arguments suivants :

1° Le système de notre loi criminelle n'a sa base ni sur la science rationnelle, ni sur le droit ancien.

Les périodes parcourues dans la marche graduelle du développement moral chez l'homme, dit M. Ortolan, sont, par rapport à la pénalité, au nombre de quatre, qui peuvent se caractériser ainsi :

1° Certitude de non-imputabilité ;

2° Doute, question à résoudre ; en cas d'affirmative, culpabilité moindre ;

3° Certitude d'imputabilité ; culpabilité plus élevée que dans le cas précédent, mais non encore pleine et entière ;

4° Culpabilité pleine et entière (2).

Notre Code pénal, en n'admettant que deux périodes,

(1) Guillot, *op. cit.*, p. 331 et 332.

(2) Ortolan, De l'âge chez l'agent des délits quant à l'imputabilité pénale, *Revue de législation et de jurisprudence*, 1843, I, p. 463.

s'écarte évidemment d'une théorie basée sur la science rationnelle.

2° Elle n'a pas davantage suivi les errements du droit romain ou de l'ancienne jurisprudence.

Ainsi que le fait remarquer M. Ortolan : une opinion des philosophes et des médecins de l'antiquité, reproduite même en nos temps modernes dans un ouvrage célèbre de Cabanis (1), s'était fait jour parmi les jurisconsultes romains et avait exercé son influence sur leurs décisions. Cette opinion était que de sept en sept ans, en terme moyen, tous les éléments matériels qui composent le corps de l'homme se trouvent renouvelés, et qu'une révolution organique, portant à la fois sur le physique et le moral, s'est accomplie (2).

Par suite, la tendance des jurisconsultes, tout au moins des Proculiens, fut de fixer à quatorze ans révolus pour les hommes l'époque de la puberté et à sept ans révolus l'âge intermédiaire.

C'est sur ces divisions de la vie humaine qu'étaient basées les théories sur la responsabilité ; néanmoins nous devons reconnaître que le droit criminel romain nous est connu.

L'ancienne jurisprudence européenne, pour reconstruire le droit pénal romain, n'a rien trouvé de mieux à faire que de confondre les actions avec les accusations, appliquant indistinctement à celles-ci et aux peines publiques les divers textes qui ne traitent que des obligations et des actions privées résultant des délits (3).

(1) Cabanis, *Rapports du physique et du moral de l'homme*, 4e mémoire : *Influence de l'âge sur les idées et sur les affections morales*, §§ 6, 7 et 8.

(2) Ortolan, *Éléments de droit pénal*, 5e édition revue par M. Desjardins, I, n° 276, p. 117 et 118.

(3) Ortolan, De l'âge chez l'agent des délits quant à l'imputabilité pénale. *Revue de législation et de jurisprudence*, 1843, II, p. 189.

Cette confusion a été faite dans le sujet qui nous occupe comme dans les autres parties du droit criminel.

La plupart des textes que les commentateurs du droit romain ont invoqués pour construire leurs théories sur le droit criminel romain sont relatifs aux actions que le droit romain qualifiait de pénales mais qui n'avaient en réalité qu'un caractère privé (1).

C'est sur ces textes, en confondant entre eux tant ceux relatifs au véritable droit pénal que ceux relatifs aux actions privées nées de délits, et en donnant aux expressions d'*infans* et d'*infanti* ou de *pubertati proximus* le sens qu'elle leur attribuait à tort, que l'ancienne jurisprudence européenne construisit ce qu'elle crut être la théorie du droit romain, quant à l'influence de l'âge, sur la punissabilité des délinquants.

Son interprétation le plus communément reçue fut celle-ci :

L'*infans*, c'est-à-dire celui qui n'a pas plus de sept ans, n'est pas punissable.

L'*infanti proximus*, c'est-à-dire celui qui n'a pas plus de neuf ans et demi pour les femmes, ou de dix ans et demi pour les hommes, ne l'est pas non plus.

Au-dessus de cet âge, l'impubère est punissable ; mais la peine peut être mitigée, à l'appréciation du juge. Celle de mort ne doit pas lui être appliquée : décision, toutefois, controversée : admise par les uns, déniée par les autres.

Enfin, dans les textes romains où l'âge se trouve mentionné vaguement et d'une manière générale, comme cause d'indulgence et d'atténuation, quelques commentateurs ont cru voir une allusion à la minorité prétorienne

(1) Ortolan, *Droit pénal*, I, n° 276, p. 118 et note 2.

de vingt-cinq ans, afin de faire concorder, par là, entièrement la division civile avec la division pénale (1).

En France, on fit application du droit romain tel qu'on l'interprétait alors : on admit l'impunissabilité absolue jusqu'à neuf ans et demi pour les filles, et dix ans et demi pour les hommes, précisément ceux que l'on croyait être les *pubertati proximi* du droit romain, et la punissabilité des impubères au-dessus de cet âge lorsqu'ils avaient eu conscience du délit, mais avec peine arbitraire au-dessous de la mort (2). Notre ancienne jurisprudence suivit ainsi, en général, dans la pénalité appliquée aux enfants, adolescents et jeunes gens, une progression calculée sur les divers degrés du développement qu'avait distingués le droit romain en matière civile.

D'après Jousse, il fallait distinguer : 1° les enfants, c'est-à-dire ceux qui n'ont pas encore atteint l'âge de sept ans, étant incapables de malice, et n'ayant point encore assez de raison pour savoir ce qu'ils font ; ces enfants sont entièrement exempts de crime et par conséquent ne doivent être punis d'aucune peine, même pour l'homicide qu'ils pourraient commettre. Le châtiment en est réservé au père.

Il en est de même de celui qui est dans un âge peu éloigné de l'enfance.

La majorité qui survient ensuite ne le rend pas plus sujet à la peine parce qu'en matière de crimes on considère l'âge que l'accusé avait dans le temps où il a commis le crime, et non l'âge qu'il a au temps de l'accusation.

2° Les impubères, c'est-à-dire ceux qui ont moins de 14 ans

(1) Ortolan, *Revue*, 1843, II, p. 192 et 193.
(2) Ortolan, *vol. loc.*, p. 194.

(pour les garçons) et 12 (pour les filles); ces impubères sont aussi excusables en matière de crimes (1).

Si celui qui a commis le crime est proche de l'âge de puberté, il n'est pas entièrement excusable; mais il doit être puni d'une peine moindre que la peine ordinaire suivant les circonstances et la qualité du crime.

La question de savoir si un impubère est proche de l'âge de puberté dépend de la prudence du juge, qui doit considérer dans ce cas la qualité de la personne, ainsi que la nature et les circonstances du crime, et s'il est du nombre de ceux *in quibus malitia supplet*.

3° Enfin les mineurs de vingt-cinq ans doivent aussi être punis moins sévèrement que s'ils étaient majeurs, même dans les délits atroces, surtout lorsque leur âge est peu au-dessus de la puberté.

La peine qui doit alors leur être infligée dépend de la qualité de la personne, et de la nature et des circonstances du délit (2) comme aussi si c'est une récidive.

D'ailleurs cette règle que les mineurs doivent être punis moins sévèrement ne s'applique pas aux dommages et intérêts qui résultent du crime; ces dommages et intérêts peuvent être demandés contre les mineurs de même que contre les majeurs.

Notre Code pénal, en adoptant une limite unique, celle de seize ans accomplis et par suite deux périodes: l'une au-dessous, l'autre au-dessus de cet âge, a adopté un sys-

(1) Le *Journal des audiences* contient un arrêt du 16 mars 1639 qui infirme un décret de prise de corps contre un impubère âgé de 11 ans et prévenu de meurtre. Un autre arrêt du 3 mars 1651 condamne un écolier de 15 ans coupable de meurtre à une amende.

(2) Jousse, *Traité de la justice criminelle en France*, t. II, p. 615 et suiv., nos 220 à 227.

tème qui ne satisfait pas aux données de la science, parce qu'il laisse à l'appréciation discrétionnelle et variable du magistrat, l'âge où des poursuites peuvent avoir lieu contre l'enfant, et parce qu'il fait commencer bien avant la majorité civile l'application de la pénalité ordinaire.

M. Ortolan estime que, si l'on cherche la solution la plus propre à former règle européenne, le mieux serait incontestablement d'en venir aux périodes physiologiques du développement septennal et de procéder ainsi par révolutions de sept ans en sept ans :

1° Depuis la naissance jusqu'à sept ans accomplis, non imputabilité ;

2° De sept ans accomplis jusqu'à quatorze, imputabilité douteuse, question à résoudre ; en cas d'affirmative, culpabilité moindre ;

3° De quatorze ans accomplis jusqu'à vingt et un ans, imputabilité certaine, culpabilité plus élevée que dans le cas précédent, mais non encore au niveau commun ;

4° A vingt et un ans accomplis, culpabilité au niveau commun, application des peines ordinaires.

Ce système, conclut M. Ortolan, aurait l'avantage de procéder par périodes régulières d'un même chiffre, ce qui équivaut presque, pour la simplicité, à n'en avoir qu'une seule, d'être d'accord avec les données de la science physiologique dans ses traditions les plus antiques, confirmées par quelques auteurs modernes, enfin de former terme moyen au milieu de la variété des chiffres reçus dans les Codes divers et de comprendre même ceux de ces chiffres qui sont le plus communément répandus (1).

Ainsi il serait conforme aux données de la science ra-

(1) Ortolan, *Éléments de droit pénal*, I, n° 281, p. 121.

tionnelle, de la science physiologique et de l'histoire de fixer un âge au-dessous duquel l'irresponsabilité serait reconnue comme absolue.

2° Depuis longtemps le législateur lui-même a reconnu que la division de la vie humaine en deux périodes était contraire à la réalité des faits.

Au moment de la réformation du Code pénal en 1832, la commission de la Chambre des Pairs avait rédigé un amendement ainsi conçu : « Si l'individu est âgé de moins de douze ans, le tribunal pourra ordonner sur la réquisition du ministère public que le jugement aura lieu en la Chambre du conseil, les parents du prévenu dûment appelés et en présence de son conseil ».

On disait à l'appui : « La loi ne nous a pas paru avoir tout prévu : il y a un âge auquel le discernement ne peut être mis en question. On ne peut le dire dans la loi, car il diffère selon les individus ; mais c'est une chose tout à fait affligeante que de voir paraître sur les bancs des Cours d'assises ou de la police correctionnelle de malheureux enfants. La commission a cru parer à cet inconvénient en établissant un âge au-dessous duquel le tribunal pourrait ordonner que le jugement n'aurait pas lieu en audience publique, mais en Chambre du conseil. Elle a fixé l'âge de douze ans ; elle a pensé que lorsque l'accusé avait moins de douze ans, il ne pouvait y avoir intérêt pour la société à faire paraître cet enfant devant le public. »

Ainsi que le font remarquer MM. Chauveau et Faustin Hélie, la sûreté publique ne sera point compromise par cela seul que quelques coupables de cet âge échapperaient à la répression qu'ils auraient méritée, et l'on ne doit pas se hâter de flétrir dans son germe la vie de ces jeunes enfants dont il est difficile de prouver la criminalité.

Cette proposition fut écartée cependant par le motif que le droit commun veut que les débats et le jugement soient publics en matière criminelle, qu'il n'est permis de déroger à cette règle que dans le seul cas où l'ordre ou les mœurs seraient compromis par la publicité, et que d'ailleurs il suffisait que la sagesse des magistrats puisse concilier le principe de la publicité des débats avec les égards qui sont dus à l'enfance.

D'ailleurs cette proposition n'aurait peut-être pas atteint le but que ses auteurs paraissaient désirer ; car, disent MM. Chauveau et Faustin Hélie, elle n'eût point sauvé l'enfant accusé de la contagion du vice, de la lèpre des prisons ; elle ne l'eût point préservé de la flétrissure morale dont un jugement peut irréparablement empreindre de jeunes imaginations et, en lui ôtant les garanties de la publicité de l'audience, elle n'eût point empêché la publicité du jugement. Le but de la Chambre des Pairs n'aurait été atteint qu'en fixant une limite jusqu'à laquelle les actes de l'enfance n'auraient pu être incriminés (1).

3° Un troisième argument est tiré de l'exemple presque unanime des législations étrangères qui toutes, sauf la Turquie et le Luxembourg, ont fixé un âge d'irresponsabilité pénale (2).

1. La Russie, le Portugal et l'Angleterre fixent à sept ans l'âge au-dessous duquel l'irresponsabilité est absolue. La loi anglaise n'admet pas qu'un mineur de sept ans soit *doli capax*, tandis qu'en France la question est abandonnée à l'appréciation des magistrats et du jury. « A l'égard des enfants, dit cependant M. Glasson (3), la loi anglaise

(1) Chauveau et Faustin Hélie, I, p. 485 et suiv.

(2) Voir les tableaux publiés dans Garraud, *Traité*, I, n° 207, et dans le *Bulletin de la Société des prisons*, 1892, p. 7.

(3) *Histoire des Institutions de l'Angleterre*, VI, p. 575.

est plus rigoureuse que la nôtre. De sept à seize ans, la loi anglaise recherche, comme la nôtre, si l'enfant a agi avec ou sans discernement ; dans ce dernier cas, elle le renvoie dans une maison de réformation et autorise à mettre une partie de la dépense à la charge des parents. Cette dernière disposition a pour effet d'augmenter la surveillance de la famille et produit, à ce qu'il paraît, de bons résultats... Si l'enfant a agi avec discernement, il est justiciable des juridictions de droit commun et peut être condamné aux peines ordinaires, même à la peine capitale. » En outre, « la Cour (de juridiction sommaire) peut envoyer tout enfant dans une école d'amélioration (*reformation school*) ou dans une école industrielle. »

II. La loi roumaine a fixé à huit ans l'âge au-dessous duquel l'irresponsabilité est absolue.

III. En Espagne et en Italie, c'est à neuf ans que cesse l'irresponsabilité absolue. Avant neuf ans en Italie, il n'y a pas de poursuite sauf dans le cas où le délit entraînerait l'*ergastulo* (bagne), la réclusion ou plus d'un an de prison ; l'enfant peut être alors interné jusqu'à vingt et un ans (1).

IV. En Hollande, en Norwège, dans le Danemark, dans le canton de Genève, en Grèce, cet âge est fixé à dix ans. Le Code pénal d'Autriche abandonne même à la correction domestique les enfants qui n'ont pas encore atteint leur dixième année, quels que soient les délits dont ils sont accusés. Le législateur de la Louisiane a adopté aussi cette dernière limite : le projet de ce Code pénal déclare que nul acte commis par un individu au-dessous de l'âge de dix ans ne peut être un délit.

(1) En Italie, de neuf à quatorze ans, il n'y a pas de peine s'il n'y a pas de discernement sauf dans les cas où le délit entraîne l'*ergastulo* (bagne).

V. En Allemagne, le Code pénal de l'empire d'Allemagne de 1871 porte dans son article 55 : « Celui qui n'avait pas encore douze ans accomplis au moment de l'action ne peut être poursuivi. » L'article 55 ajoute : « Seront néanmoins appliquées les mesures propres à assurer la garde et l'amendement de l'enfant établies par les lois des divers États. En particulier, l'enfant pourra être placé dans une maison d'éducation ou de correction, lorsque les autorités chargées du contrôle des tutelles auront déclaré le fait constant et autorisé la détention. » Une loi de 1890 permet aussi à l'administration le placement des enfants abandonnés dans une famille ou dans une maison d'éducation ou de correction.

La loi prussienne du 13 mars 1878, sur le placement des enfants laissés sans surveillance (1), dispose que les enfants au-dessous de douze ans ne peuvent être frappés d'aucune condamnation pénale proprement dite. Au-dessous de six ans, ils ne peuvent être enlevés à leurs parents ; entre six et douze, ils peuvent être placés dans une famille, ou dans un établissement d'éducation ou de correction. Pour bien marquer la situation particulière de l'enfant au point de vue pénal, la loi décide que c'est une sorte de juridiction de famille, le tribunal de tutelle, compétent ordinairement pour surveiller la gestion des tuteurs, qui décidera si l'enfant doit être enlevé à ses parents et à qui il doit être confié (1).

Les Codes des cantons de Berne et de Fribourg, le Code de Hongrie ont aussi adopté douze ans comme âge de non-imputabilité.

(1) *Bulletin de la Société des prisons*, 1880, p. 333 et suiv. ; 1884, p. 951.
(2) Jean Appleton, *op. cit.*, p. 13.

VI. Les Codes des cantons de Vaux et du Valais ont seuls élevé cet âge à quatorze ans.

Ainsi presque toutes les législations étrangères ont fixé un âge d'irresponsabilité pénale. Il est à remarquer que ces dispositions sont le résultat d'un grand mouvement de réforme qui s'est dessiné dans la dernière moitié de ce siècle. Ces réformes datent même, sauf pour la Suisse et l'Autriche, de moins de vingt ans. Toutes les nations qui avaient adopté notre Code pénal l'ont modifié dans le sens de l'irresponsabilité pénale des plus jeunes enfants. La France au contraire n'a pas fait subir de modifications récentes à la législation de l'enfance coupable ; aussi les réformateurs s'écrient-ils avec M. Léveillé, qu'en cette matière, non seulement nous sommes à l'arrière-garde du progrès, mais encore nous comptons parmi les traînards. Resterons-nous isolés, conclut M. Appleton, en la compagnie des Ottomans, ou ne vaut-il pas mieux regagner notre place au milieu, sinon à l'avant-garde des nations civilisées ? (1).

La Belgique, qui jusqu'à présent n'avait fait que des réformes de détail, va adopter un régime qui paraît devoir assurer la sécurité de la société à cet égard.

Avant 1890, la Belgique faisait aux enfants au point de vue pénal la situation suivante : on classait les enfants en quatre catégories : 1° les enfants simplement abandonnés, qui n'ont commis aucun délit contre la probité ou les mœurs, et que l'on traduit souvent, en France, en police correctionnelle, sous l'inculpation de vagabondage. Ces enfants sont, en Belgique, recueillis par le service de l'Assistance publique, et élevés dans des établissements dépen-

(1) Jean Appleton, *op. cit.*, p. 5.

dant de cette administration ; 2° les enfants traduits en justice, acquittés comme ayant agi sans discernement, et envoyés dans des maisons de correction se rattachant aux services pénitentiaires ; 3° ceux, plus nombreux, qui, traduits devant les tribunaux pour faits peu graves, ont été reconnus avoir agi avec discernement, et condamnés à des peines légères ; 4° ceux enfin qui ont été condamnés à des peines plus importantes pour des faits plus graves (1).

Le législateur belge fut ainsi amené à constater que, dans les deux premières catégories, il pouvait y avoir des enfants encore bons pour lesquels suffisait une éducation douce et familiale. Or la sélection ne peut se faire qu'à la longue, par l'observation. De là la réforme contenue dans un arrêté du ministre de la justice belge en date du 7 juillet 1890. Cet arrêté fusionne en une seule les deux premières catégories d'enfants, c'est-à-dire ceux qui étaient primitivement confiés à l'Assistance publique, et ceux qu'un jugement a condamnés à être internés dans une maison de correction. Les établissements de bienfaisance et les établissements pénitenciers sont aujourd'hui réunis sous la direction des services de l'Assistance publique. Pour les enfants des troisième et quatrième catégories, une loi de novembre 1891 dispose que le juge peut ou doit, suivant les cas, au lieu de prononcer la peine, ordonner la remise de l'enfant au gouvernement. La même loi décide que, lorsqu'il s'agit de faits plus graves, l'enfant peut, à l'expiration de sa peine, être remis au gouvernement jusqu'à sa majorité (2).

M. Appleton résume de la manière suivante les princi-

(1) Jean Appleton, *op. cit.*, p. 13 et suiv.
(2) Jean Appleton, *op. cit.*, p. 15.

pales dispositions du projet de loi qui va compléter la législation belge sur ce point : 1° En ce qui concerne les enfants de moins de dix ans, ils ne peuvent être traduits en justice. Mais le président du tribunal civil, en cas d'homicide ou d'incendie, peut, à la requête du ministère public, les mettre à la disposition du gouvernement jusqu'à leur majorité ; 2° quant aux autres enfants, ils ne peuvent jamais être traduits en justice par la voie de la citation directe, et on ne leur applique pas la procédure trop rapide des flagrants délits. Ils doivent nécessairement faire l'objet d'une instruction et ne peuvent comparaître devant une juridiction répressive que sur ordonnance ou arrêt de renvoi ; 3° les juridictions d'instruction ont le droit, lorsqu'il s'agit d'un enfant de moins de quatorze ans, de rendre en sa faveur une décision de non-lieu, même si elles estiment que l'enfant est coupable, dans le cas où les circonstances du fait et les bons antécédents de l'inculpé leur paraissent justifier cette mesure de faveur ; 4° lorsqu'un mineur est acquitté, ou lorsqu'une ordonnance de non-lieu est rendue en sa faveur, il peut, par ordonnance du président du tribunal civil, rendue sur les réquisitions du ministère public, être confié au gouvernement jusqu'à sa majorité.

Le législateur ordonne de séparer les enfants suivant leur âge et laisse ensuite à l'administration le soin de les subdiviser suivant leur état moral. Pour faire ce triage, l'administration a, selon les expressions de M. Prins, « comme base d'appréciation, non pas le degré de responsabilité pénale, mais le degré de *garantie sociale* offert par l'enfant et par le milieu où il est né ».

Enfin, en cas d'amendement, l'enfant peut bénéficier d'une mesure de libération conditionnelle avant sa majorité et pourra être placé chez des cultivateurs ou des artisans, après avoir été tenu six mois en observation, par l'intermédiaire de sociétés de patronage ou d'un conseil cantonal de tutelle, présidé par le juge de paix et composé de délégués de toutes les communes du canton.

4° On argumente encore, en faveur d'une réforme, du scandale qui résulte de la comparution d'enfants trop jeunes en Cour d'assises ou en police correctionnelle.

Avec l'article 66 actuel en effet, le ministère public peut traduire des enfants en justice quel que soit leur âge et l'on a des exemples de poursuites contre des enfants de moins de sept ans.

Il est vrai qu'une circulaire du ministre de la justice du 26 mai 1855 (1) recommande aux membres du ministère public de s'abstenir de poursuivre les enfants qui ne sont pas arrivés à l'âge de sept à huit ans, car sauf des cas absolument exceptionnels, la responsabilité légale de leurs actes ne peut être imputée à ces enfants.

Mais nous trouvons à la date du 11 mars 1876 une nouvelle circulaire du ministre de la justice (2) ainsi conçue :

« Monsieur le Procureur général,

M. le ministre de l'intérieur me fait connaître que le nombre des enfants acquittés par les tribunaux comme ayant agi sans discernement et envoyés dans des maisons de correction en exécution de l'article 66 du Code pénal, tend depuis plusieurs années à s'accroître dans des proportions très considérables.

Par une circulaire du 26 mai 1855, l'un de mes prédécesseurs a déjà recommandé qu'à moins de circonstances graves des poursuites ne soient pas dirigées contre des

(1) *Recueil Gillet*, n° 3585.

(2) *Bulletin officiel du ministère de la justice*, année 1876, p. 46.

enfants âgés de moins de seize ans, lorsqu'ils paraissent avoir agi sans discernement. Les parquets sont surtout invités à s'abstenir à l'égard des enfants au-dessous de huit ans, aucune responsabilité légale ne pouvant, sauf dans des cas exceptionnels, leur être imputée.

Le nombre des prévenus envoyés dans des maisons de correction n'a cependant pas cessé d'augmenter ; il était au 31 décembre 1875 de 10.070, chiffre supérieur à celui qui avait motivé les observations du 26 mai 1855. »

Les termes de cette circulaire semblent bien montrer que les prescriptions de la circulaire de 1855 n'avaient pas été observées.

M. Garraud nous dit cependant que les exemples très rares de poursuites au-dessous de neuf ans ne peuvent être critiqués qu'après examen des circonstances (1), mais ne vaut-il pas mieux reconnaître qu'à cette époque de la vie l'enfant, même le plus intelligent, n'a qu'une perception incomplète de l'action qu'il commet. « Sans doute cette règle peut n'être pas d'une vérité absolue ; sans doute quelques cas exceptionnels pourront être signalés ; mais la sûreté publique ne sera pas compromise par cela seul que quelques coupables de cet âge échapperaient à la répression qu'ils auraient méritée, et l'on ne doit pas se hâter de flétrir dans son germe la vie de ces jeunes enfants dont il est difficile de prouver la criminalité (2). »

Aussi, en même temps que Chauveau et Faustin Hélie, des criminalistes éminents comme Rossi et Ortolan ont-ils réclamé avec insistance la fixation d'une limite d'âge au-dessous de laquelle le ministère public ne pourrait poursuivre l'enfant.

(1) Garraud, *Traité*, I, p. 327.
(2) Chauveau et Faustin Hélie, p. 485 et suiv.

5° Un cinquième argument est tiré de l'influence corruptive que la prison peut exercer sur les enfants et de l'inutilité ou du non-sens qu'il y a à infliger une amende aux enfants puisqu'ils sont généralement dans l'impossibilité de la payer. « Qu'il s'agisse d'ailleurs de la prison ou de l'amende, toute peine correctionnelle proprement dite inflige à l'enfant la flétrissure perpétuelle du casier judiciaire, et compromet ainsi gravement son avenir (1) ».

Or il résulte des dernières statistiques que beaucoup de jeunes enfants ont été condamnés à de courtes peines d'emprisonnement :

736 en 1885,

779 en 1886,

835 en 1887, sur 1852 envoyés en correction,

861 en 1888, sur 1954 envoyés en correction (2).

Certains magistrats en effet se refusent à reconnaître les progrès accomplis par les maisons de correction, qui sont devenues depuis peu, pour un grand nombre d'enfants, de véritables maisons d'éducation et de réforme, et préfèrent user de la faculté qui leur est laissée par l'article 67, déclarer que l'enfant a agi avec discernement et le condamne à des peines légères (3).

Or ce sont les jeunes enfants surtout qui pourraient bénéficier d'une éducation réformatrice ; en les condamnant, on leur inflige la marque du casier judiciaire, on les voue à la récidive ; en les plaçant dans des maisons d'éducation ou de correction suivant les cas, on peut les sauver de la récidive, réformer leur moralité et leur éducation, les sauver.

(1) Jean Appleton, *op. cit.*, p. 7.
(2) *Bulletin de la Société des prisons*, 1892, p. 161.
(3) Jean Appleton, *op. cit.*, p. 6.

Il n'y a qu'un remède au mal, dit M. Appleton : interdire purement et simplement, par la fixation d'un âge d'irresponsabilité, l'application aux plus jeunes enfants des peines correctionnelles. Cette réforme doit être complétée par le perfectionnement des maisons de correction, et l'adjonction, à ces établissements, de maisons d'éducation d'un caractère hospitalier, où les enfants, plus facilement réformables, seront placés sous un régime paternel (1) ».

Ainsi, pour justifier la nécessité de déterminer un âge au-dessous duquel l'irresponsabilité doit être considérée comme absolue, les réformateurs invoquent les arguments suivants :

1° Les principes de la science rationnelle et les traditions de l'ancien droit ;

2° La volonté même du législateur qui a reconnu pour des motifs sérieux la nécessité d'une réforme ;

3° L'exemple presque unanime des législations étrangères ;

4° Le scandale qui résulte de la comparution, devant les juges, d'enfants dont la culpabilité peut inspirer les doutes les plus légitimes ;

5° L'influence de corruption qui peut résulter, pour les enfants, d'un séjour dans la prison et, dans tous les cas, de l'influence que peut exercer, sur l'avenir des enfants, l'inscription d'une condamnation sur un casier judiciaire, tant au point de vue de la considération qu'au point de vue de la récidive.

L'assentiment des législateurs proclame donc comme un fait qu'il est un âge (que cet âge se termine à sept, neuf ou dix ans) où l'enfant est irresponsable de tous ses actes,

(1) Jean Appleton, *op. cit.*, p. 7.

Et en effet, on ne peut méconnaître qu'à cette époque de la vie l'enfant, même le plus intelligent, n'a qu'une perception incomplète de l'action qu'il commet.

Notre Code cependant n'a fixé aucune règle spéciale pour l'enfant en bas âge qui se rend coupable d'un crime ou d'un délit ; assurément « la loi n'a pu vouloir une poursuite qui, tout en étant inutile pour la répression, serait peut-être irréparable pour l'avenir de l'enfant ; mais ce qui caractérise son procédé, c'est qu'elle laisse à l'appréciation des magistrats dans chaque espèce, la question de savoir si l'agent doit être poursuivi en justice (1) ».

Ce système paraît préférable, aux yeux de certains auteurs, à celui des législations étrangères qui ont déterminé une période pendant laquelle l'homme serait couvert par une présomption d'innocence, n'admettant pas de preuve contraire.

Mais, à notre époque, surtout depuis quelques années, l'idée de protection, de bienfaisance se substitue peu à peu pour l'enfance, à l'idée de répression (2). Les tendances générales des législations, appuyées par les vœux de nombreux congrès pénitentiaires, montrent qu'il y a là une voie de réforme et de progrès où la France ne peut refuser de s'engager en restant isolée en Europe.

Les législations étrangères ont laissé de côté la question de discernement toujours si obscure et sur laquelle nous reviendrons plus loin, elles se sont préoccupées surtout de déterminer les mesures propres à assurer le relèvement de l'enfance coupable ; elles ont eu pour unique but de rechercher si on devait soustraire l'enfant coupable à son milieu où il puisait les principes de corruption et d'infa-

(1) Garraud, *Traité*, I, p. 326.
(2) Jean Appleton, *op. cit.*, p. 11.

mie, à qui on devait le confier, à quel régime on devait le soumettre.

M. le professeur Prins, exposant le système que la Belgique va inaugurer, résumait ainsi le but que les diverses législations suivies sur ce point par la Belgique avaient eu en vue : « C'est ainsi, disait-il, qu'on peut concevoir un système où l'âge de la responsabilité pénale, où la question de discernement devient tellement accessoire qu'elle disparaît complètement devant les questions d'ordre social qui prennent le dessus ».

Il ne s'agit plus de savoir si l'enfant est ou non philosophiquement responsable, mais quelles sont les mesures que la société, dans les limites de son intérêt, a le droit et le devoir de prendre à l'égard des enfants coupables pour sa protection et la leur (1).

Au fond, dit très justement M. Appleton, la question a changé de face depuis 1810. La grosse préoccupation du législateur d'aujourd'hui ce n'est pas l'examen de la responsabilité du criminel, c'est la lutte contre la récidive. Avant tout, il faut réduire à son minimum le nombre des criminels d'habitude, des irréconciliables qui ne vivent que du produit de leurs délits et qui auront le temps de faire beaucoup de mal avant qu'on ait pu les mettre dans l'impossibilité de nuire. Lorsqu'un jeune enfant, issu d'un milieu où il n'a sous les yeux que l'exemple du vice, comparaît devant un tribunal correctionnel, il porte déjà en germe tous les instincts du récidiviste futur. Ces germes, il faut les arracher avant qu'ils aient eu le temps de se développer : il faut faire œuvre préventive en redressant

(1) Jean Appleton, *op. cit.*, p. 2.

ces natures qu'une forte et vigilante éducation peut ramener au bien (1).

A l'heure actuelle donc, étant données les préoccupations d'humanité et d'éducation sociale qui inspirent les législateurs, il n'y aurait aucun inconvénient à fixer un âge au-dessous duquel l'irresponsabilité devrait être considérée comme absolue.

Mais nous ne voulons pas dire par là que l'enfant ne doit pas être traduit en justice tant qu'il n'a pas atteint l'âge où la loi le déclare irresponsable, on serait alors obligé de livrer les plus jeunes enfants à l'arbitraire et aux lenteurs de l'administration et leur situation n'en serait certes pas améliorée, car, devant les tribunaux, ils trouvent sans retard une sollicitude vigilante et éclairée.

M. le substitut Levoz, substitut du procureur du roi à Verviers, n'hésitait pas à critiquer sur ce point, au Congrès d'Anvers de 1894, le projet de loi sur la protection de l'enfance.

Voici comment s'exprimait l'exposé des motifs du projet : « En l'absence de toute disposition de ce genre dans le Code pénal, on voit citer à comparaître devant les tribunaux des enfants de 9 ans, de 8 ans même, évidemment incapables de comprendre la portée de l'acte qu'on leur reproche et la procédure dont ils sont l'objet. Le résultat de pareilles comparutions ne peut être que l'acquittement, accompagné parfois de la mise à la disposition du gouvernement pour un temps déterminé. Mais, même dans le cas où cette dernière mesure se justifie, il semble inutile de mettre en mouvement tout l'appareil de la justice répressive, sans autre résultat que d'infliger une flétrissure à

(1) Jean Appleton, *op. cit.*, p. 11.

l'enfant irresponsable en lui créant des antécédents judiciaires. »

Pour nous, disait M. le substitut Levoz, cette défense est inutile. Les magistrats ne feront comparaître devant les tribunaux les enfants de moins de dix ans que quand cette mesure s'imposera absolument ; et actuellement moins encore qu'anciennement, puisque les comités de patronage seront préalablement intervenus. Il est des cas, et nous en avons vu plusieurs exemples, où des poursuites peuvent produire de bons résultats. Il arrive que la mise à la disposition du gouvernement d'enfants de moins de dix ans est nécessaire, l'exposé des motifs le reconnaît. Parfois aussi la comparution des enfants et des parents devant le tribunal peut faire sur eux une profonde impression et empêcher la récidive (1).

Nous croyons aussi qu'il est indispensable que l'enfant, même à l'âge où la loi le déclarerait irresponsable, soit traduit en justice, soit devant le tribunal correctionnel, soit devant le tribunal civil, soit même devant une juridiction plus paternelle encore qui ressemblerait au tribunal de tutelle institué en Allemagne.

Mais, dans aucun cas, cette juridiction ne pourrait infliger aux mineurs au-dessous de l'âge d'irresponsabilité ni prison ni amende, elle ne pourrait leur infliger la marque ineffaçable d'une inscription sur le casier judiciaire, elle ne pourrait leur fournir les éléments de la récidive ; elle ne devrait avoir d'autre droit que de les soumettre à une éducation réformatrice, soit en les faisant interner dans une maison de correction, soit en leur faisant don-

(1) Congrès international d'Anvers (1894), 4e question, 1re section, pp. 10 et 11.

ner, quand ils s'en montreraient dignes, un système d'éducation paternelle.

Déjà les magistrats du tribunal de la Seine prennent officieusement ces mesures ; il faut que la loi leur donne le droit de prendre officiellement toutes les mesures qui leur paraissent nécessaires pour soustraire l'enfant aux influences pernicieuses de son milieu sans le soumettre aux rigueurs de la discipline pénitentiaire.

On a, il est vrai, objecté la difficulté de fixer un âge exact dans un pays qui, même centralisé et unifié comme la France, présente cependant dans les différentes parties de son territoire, des populations dont l'origine, le développement, le caractère ne sont pas identiques ; de plus, dit-on, les pays étrangers varient beaucoup et l'on peut faire cette remarque curieuse que ce sont les pays, où le développement de la race est le plus hâtif, qui ont accordé à l'enfance la plus large période d'irresponsabilité.

Il est évident qu'il y a nécessairement un peu d'arbitraire dans la fixation d'un âge légal d'irresponsabilité pénale mais je ne pense pas que cela soit une objection bien sérieuse. Ce ne serait pas la première fois que le législateur, se fondant sur les données fournies par l'observation, a dû fixer arbitrairement une date ; ainsi a-t-il fait quand il a fixé une date pour la majorité civile, pour la capacité, pour contracter un mariage, pour le moment où le consentement des parents ne devenant plus nécessaire les actes respectueux suffisent. Les législations européennes présentent aussi des variantes à ce sujet ; on ne saurait blâmer le législateur d'avoir choisi un âge : fixer une date de l'irresponsabilité pénale, c'est-à-dire un âge avant lequel il ne pourra y avoir pour l'enfant que des mesures d'éducation, peut être une difficulté, mais que le législateur ne peut certainement écarter.

Il y aurait du reste un moyen d'expliquer les différences que présentent les différents codes de l'Europe.

Au lieu de poser la question de discernement, on se demandera si la prison vaut mieux ou moins que les établissements de bienfaisance et d'éducation.

Si l'on admet que la bienfaisance et l'éducation sont préférables on ne discutera plus la question d'âge, on ne mettra pas seulement dans ces établissements les enfants de 7 ans, mais ceux de 8, 9, 10 etc. ; les pays qui exigent l'âge le plus élevé sont les plus progressifs au point de vue pénitentiaire, ce n'est plus une question de latitude comparée, mais de législation comparée (Léveillé).

Il semble que l'âge de 10 ans est assez raisonnable.

Un grand nombre d'Etats l'ont adopté ; c'est à cet âge que commence l'éducation religieuse ou l'étude de la morale ; au-dessous de cet âge l'enfant ne sait pas bien ce que c'est qu'un délit ; je ne parle pas des enfants qui ont commis des crimes et qui pourraient être soumis à un régime d'éducation particulièrement sévère. Mais les enfants de moins de 10 ans qui commettent des crimes sont bien peu nombreux et relèvent peut-être bien plus du médecin que du magistrat et de l'hospice que de la prison. Ce sont des délits que commettent les jeunes enfants, délits souvent assez faibles, mendicité, maraudage, petits vols et que n'expliquent que trop leur situation de famille, leur genre ou plutôt leur absence d'éducation.

On a fait à ce système des objections qui sont facilement réfutables.

1° On a dit qu'il était dangereux de mettre dans la loi pénale une disposition qui établit l'irresponsabilité d'une classe de coupables, car aujourd'hui où une école puissante bat en brèche la responsabilité des criminels, on en arriverait vite à créer d'autres classes d'irresponsables.

Le danger est moins grand qu'il ne le paraît, car la loi actuelle proclame en quelque sorte le principe de l'irresponsabilité des enfants au-dessous d'un certain âge. En effet la loi, en permettant au magistrat de dire qu'un enfant agit sans discernement, donne au juge le droit de déclarer cet enfant irresponsable. En insérant dans le Code une disposition de cette nature, ses auteurs ont reconnu le principe dont on demande l'inscription aujourd'hui mais sans proclamer formellement l'irresponsabilité de l'enfant, ils ont laissé à l'arbitraire du juge le soin de la déclarer.

Cet arbitraire est toujours un danger, car il y a de grandes divergences d'opinion à ce sujet chez les magistrats ; en inscrivant le principe dans la loi, on supprimerait ces inconvénients.

2° La société, dit-on, a le droit de se défendre et de mettre hors d'état de nuire les enfants même très jeunes s'ils sont dangereux.

Sans aucun doute c'est un droit absolu pour la société de se défendre ; la question est de savoir comment elle usera de ce droit et par quel moyen elle mettra ces enfants hors d'état de nuire ; ne suffira-t-il pas pour cela de les envoyer en correction suivant des régimes plus ou moins sévères pendant une période qui pourra aller jusqu'à la majorité.

L'enfant aura des chances de se moraliser et même au point de vue de la répression, ce système sera plus efficace. On a vu souvent devant les Tribunaux des enfants redoutant un séjour prolongé dans les maisons de correction et, leur préférant quelques mois de prison, déclarer qu'ils ont agi en pleine connaissance de cause afin d'obliger les magistrats à déclarer qu'ils ont agi avec discernement.

3° Il ne faudrait pas non plus objecter que les malfaiteurs profiteront du nouveau principe de la loi pour se servir de jeunes enfants comme instruments et les mettre en avant.

Ces malfaiteurs restent complices punissables ; si aujourd'hui le complice d'un mineur de seize ans ne bénéficie pas de l'abaissement de peine qui est le privilège de ce mineur, il ne gagnera rien le jour où cette responsabilité, au lieu d'être diminuée, sera supprimée.

Il ne faut pas dire non plus que, si l'enfant devient irresponsable, la responsabilité du père de famille disparaît ; l'article 1384 du Code civil protège les tiers contre les préjudices que leur causeraient des mineurs.

Personne d'ailleurs, dit M. Guillot, ne songe à soutenir que la société doit rester désarmée devant un péril, par cela seul qu'il vient d'un enfant jeune ; il s'agit seulement de savoir si les mesures à prendre pour élever l'enfant et l'empêcher d'être nuisible, doivent être ordonnées par le pouvoir judiciaire, ou abandonnées à la discrétion du pouvoir administratif. Ne semble-t-il pas que la justice a plus qualité que tout autre, quand il s'agit de prescrire un internement de caractère pénitentiaire et hospitalier, souvent de longue durée : d'une part, parce que c'est un principe de devoir public, que la liberté individuelle est aussi respectable chez l'enfant que chez l'adulte, chez l'aliéné que chez l'homme raisonnable, et, d'autre part, l'instruction judiciaire n'a-t-elle pas des moyens plus efficaces de procéder à une enquête approfondie sur les faits, et sur la situation de l'enfant et de ses parents ?

La Commission qui prépare la revision du Code pénal s'est occupée de cette question : elle propose d'exempter de toute poursuite correctionnelle le mineur de dix ans ; mais, comme elle n'entend pas lui assurer l'impunité, elle le rend justiciable du Tribunal civil, auquel elle laisse le soin, à la requête du ministère public, de le placer dans un établissement d'éducation et de réforme, jusqu'à l'âge de vingt et un ans au plus (art. 57 du projet) (1).

TITRE VI

La minorité pénale devrait-elle être reculée jusqu'à dix-huit ans ?

A seize ans, l'adolescent devient un adulte au point de vue pénal. Mais, ainsi que le fait observer M. Guillot, que de fois son intelligence n'est-elle encore que celle d'un enfant ! S'il commet une faute, on le traitera suivant la loi commune, le pardon ne pourra plus lui être accordé ; la condamnation qui le frappera en fera l'hôte précoce des maisons centrales et des bagnes, et l'échafaud lui-même ne s'arrêtera pas devant sa jeunesse (2).

Jusqu'à seize ans, on est un mineur, c'est-à-dire un être ayant un discernement moindre et pouvant même en être totalement dépourvu ; la responsabilité n'existe pas de droit, elle doit être constatée en fait par le juge.

Sans doute, dit M. Guillot il faut bien qu'à un moment donné l'homme sorte de la minorité pour entrer dans l'âge de la pleine responsabilité.

« Mais seize ans, n'est-ce pas trop tôt pour tous ces malheureux qui sont gâtés plutôt qu'ils ne sont mûrs,

(1) Guillot, *op. cit.*, p. 332.

(2) Guillot, *op. cit.*, p. 303. Pour l'ensemble de ce titre, voir *Bulletin de la société des prisons*, 1893, *Bulletin municipal officiel*, 21 mars 1895.

qui ont été élevés dans ces ténèbres, où les notions du juste et de l'injuste ne leur apparaissent que comme des ombres indécises, et où ne pénétrait aucune lumière venant de l'éducation ?

« L'âge de dix-huit ans, au contraire, ne marque-t-il pas une période importante dans la capacité légale de l'adolescent ?

« C'est à ce moment seulement qu'il peut être émancipé, que les lois sur le travail cessent de le protéger et lui laissent la pleine disposition de lui-même, et qu'il peut entrer dans l'armée. N'est-ce pas une contradiction injuste de dire qu'à seize ans l'homme est tellement développé qu'il n'est plus temps de le soumettre à une éducation réformatrice et qu'il n'y a plus qu'à le livrer à la prison des adultes, et de le considérer, d'autre part, comme si peu en possession de toutes ses forces morales et physiques que, jusqu'à dix-huit ans, la loi lui impose toutes sortes d'interdictions protectrices et qu'il n'entre qu'à vingt et un ans dans sa pleine capacité légale (1) ? »

L'article 66 du Code pénal, fixant à 16 ans la limite de la majorité pénale, assimile cependant au point de vue de la répression, l'adolescent de 17 ans et l'homme fait ; à plusieurs reprises, les législateurs et les jurisconsultes ont blâmé la décision prise par le Code pénal et ont voulu reculer la limite de la minorité. En 1832, lors de la réformation du Code pénal, une proposition fut faite pour reculer la majorité pénale, car, disait-on, il ne faut pas voir si les circonstances de développement d'instinct du crime, de perversité se rencontrent ordinairement chez les criminels de 16 ans, mais de savoir s'il n'est pas de cas où ces cir-

(1) Guillot, *op. cit.*, p. 830.

constances ne se rencontrent pas ; pour un certain nombre de mineurs, la loi suppose un développement complet et, par suite, une responsabilité qui n'existe pas.

M. Tulon, au moment de la discussion sur la revision du Code pénal, avait proposé de reculer jusqu'à dix-huit ans l'époque où la question de discernement devait être posée. « La disposition du Code me paraît cent fois plus absurde et plus barbare que la peine de mort elle-même. Car elle peut avoir pour effet de faire appliquer cette peine à un enfant. Le Code pénal, en fixant à seize ans l'âge auquel est attachée la présomption légale que l'accusé a agi avec discernement me paraît avoir complètement méconnu les lois qui président au développement de l'intelligence humaine. Il n'est pas vrai qu'un jeune homme de seize ans ait le bon sens, la maturité, surtout l'habitude de la réflexion, qu'il aura dans un âge plus avancé. Il n'est pas vrai qu'il ait sur ses passions l'empire qu'il acquerra probablement sur elles avec quelques années de plus, et lors même qu'on me citerait l'exemple d'individus de cet âge, chez qui se seraient rencontrés l'instinct qui pousse au crime, les combinaisons qui en calculent l'exécution, la férocité qui étouffe les remords, je répondrai que la question n'est pas de savoir si toutes ces circonstances peuvent se rencontrer, ou même se rencontrent ordinairement chez les criminels de seize ans ; mais au contraire de savoir s'il n'est pas quelques cas, quelque rares qu'ils puissent être, où ces mêmes circonstances ne se rencontrent pas. Voilà, ce me semble, comment la question doit être posée (1). »

L'article 22 du Code pénal, abrogé par un décret du 14 avril 1848, fournissait à cette époque un argument.

(1) Séance du 19, *Moniteur* du 20 mars 1832.

Cet article, qui organisait, pour des condamnés à des peines graves, l'exposition publique, en dispensait les mineurs non pas jusqu'à seize ans, mais jusqu'à dix-huit ans.

Le Code reconnaissait donc une moindre culpabilité aux mineurs de seize à dix-huit ans, puisqu'il leur évitait une flétrissure qu'il infligeait à des individus plus âgés ayant commis les mêmes infractions.

Un grand nombre de personnes, tant parmi les jurisconsultes que parmi celles qui cherchent le relèvement de l'enfance coupable, ont fait également des vœux pour voir notre loi pénale reculer de seize à dix-huit ans la limite de la minorité pénale.

C'est, dit-on, qu'il ne faut pas chercher seulement le châtiment quand on a affaire à un mineur dont la conduite nécessite la comparution devant la justice, mais surtout un mode d'éducation qui permette de réformer un caractère qui n'est pas irrémédiablement vicieux.

C'est pour atteindre ce but que la loi place le mineur dans des maisons de correction, qui devraient être surtout des maisons d'éducation.

Mais il est à craindre qu'au moment où le mineur, sortant de ces établissements, se trouve rendu à la liberté, il ne soit de nouveau exposé aux mauvaises influences qui auraient vite anéanti tous les bons résultats de l'éducation ; on pense que si le mineur, à sa sortie des établissements d'éducation, pouvait s'engager en devançant l'appel de sa classe, il trouverait dans la discipline militaire de grandes chances d'amélioration.

Or, les partisans de la réforme de la minorité pénale tirent leur principal argument des dispositions sévères de la loi du 15 juillet 1889, qui enlève à un certain nombre de jeunes condamnés les chances de réhabilitation qu'ils pourraient trouver dans l'accomplissement de leur service militaire.

Les quelques semaines qu'un jeune condamné aura passées en prison, presque inoccupé, car il est difficile de donner un travail intéressant et productif à ceux qui ne font que passer, n'auront pas servi à son amendement. S'assoupissant en quelque sorte dans une vie toute matérielle, trouvant sa nourriture, sinon succulente, au moins toute prête, couchant dans un lit meilleur que les bancs des promenades, il sortira avec une volonté amoindrie et une dignité avilie ; ces quelques semaines ne l'auront ni moralisé, ni intimidé ; elles ne lui auront inspiré ni le dégoût de l'inconduite, ni l'effroi de la punition, ses réflexions pouvant l'amener tout simplement à cette conclusion que, en somme, le régime de la prison n'a rien de bien dur et qu'on y peut revenir sans crainte (1).

N'est-ce pas d'ailleurs le sort qui l'attend trop souvent ? La vie honnête lui sera devenue plus difficile, les mauvais sujets qu'il connaissait avant son arrestation vont avoir bien plus de prise sur lui ; si pour se placer il a besoin de montrer son casier, on le renverra ; s'il veut s'engager ou s'il est appelé au service, sa condamnation va encore se dresser contre lui ; on lui répondra : « L'armée, où tout parle de l'honneur, où nos fils sont obligés de servir, n'est pas faite pour vous ; nous ne voulons pas de votre contact ; il n'y a que les bataillons de disciplinaires qui puissent vous recevoir et c'est là que vous serez incorporé ; vous y retrouverez vos compagnons habituels, ceux qui comme vous ont porté l'uniforme de la prison ».

Sans doute, ces bataillons ont eu des pages glorieuses ;

(1) Guillot, *op. cit.*, p. 327 et 328.

il s'y est rencontré plus d'une fois des héros, d'admirables soldats qui, sur les champs de bataille, ont noblement racheté les fautes qu'ils avaient commises ; ceux qui les voyaient au feu ne voyaient plus en eux des flétris, et les saluaient comme des braves qui, n'ayant pas su bien vivre, savaient au moins bien mourir (1).

Mais en temps ordinaire, dans l'oisiveté des garnisons lointaines, le danger moral est incessant pour celui qui, ayant le désir de se relever, avait regardé avec espoir du côté du devoir militaire : il voulait oublier, se faire une nouvelle vie, et voilà qu'il retrouve les camaraderies funestes qui l'avaient entraîné.

La loi du 15 juillet 1889, considérant que le service dans l'armée est un honneur, a créé un certain nombre de cas d'exclusion et, dans son article 5, elle ordonne d'envoyer dans les bataillons d'infanterie légère d'Afrique, outre les individus reconnus coupables de crimes et de condamnés seulement à l'emprisonnement par application de l'article 463 du Code pénal, ceux qui ont été condamnés correctionnellement à plus de trois mois de prison pour outrage public à la pudeur, vol, escroquerie, abus de confiance ou attentat aux mœurs ou qui ont été l'objet de deux condamnations au moins, quelle qu'en ait été la durée, pour l'un de ces délits.

L'article 59 de la même loi décide que le Français âgé de dix-huit ans, désireux de contracter un engagement volontaire, devra n'avoir jamais été condamné pour vol, escroquerie, abus de confiance et n'avoir jamais subi aucune des peines prévues par l'article 5, à moins qu'il ne veuille contracter son engagement dans un bataillon d'infanterie légère d'Afrique.

(1) Guillot, *op. cit.*, p. 308.

Il y a une singulière contradiction entre ces deux dispositions législatives.

Un individu de 17 ans condamné à moins de trois mois de prison, pour vol, ne pourra pas s'engager dans un régiment de France, mais arrivé à 21 ans il sera incorporé avec sa classe dans les conditions normales. Cette sévérité à l'égard des engagés volontaires se comprenait quand l'armée n'incorporait qu'une faible partie du contingent : aujourd'hui, cet homme dont on n'aura pas voulu à 18 ans, on le prendra à 21 ans, s'il n'a pas encouru de nouvelles condamnations ; pendant cette période, il aura bien des chances de se pervertir complètement.

La loi de 1872 était moins rigoureuse : sauf les cas d'exclusion de l'armée attachés à certaines condamnations de nature particulièrement grave, les condamnés étaient admis à servir dans les conditions ordinaires, mais le pouvoir disciplinaire des chefs suppléait aux inconvénients d'une mesure aussi large ; connaissant les antécédents de leurs hommes, ils exerçaient sur les suspects une surveillance spéciale, et à la première incartade, les envoyaient en Afrique.

Ceux qui avaient profité de la leçon et qui avaient racheté leur faute ne voyaient pas interrompre l'œuvre de leur relèvement.

Maintenant que nous connaissons les dispositions de la loi du 15 juillet 1889, nous comprendrons facilement le raisonnement de ceux qui veulent réformer le Code péral.

En reculant à 18 ans la limite de la minorité pénale, on permettra aux magistrats, au lieu de condamner le mineur à la prison, de l'envoyer dans les maisons de correction et, dans ces conditions, l'engagement militaire pourra succéder à la discipline correctionnelle ; le mineur pourra s'engager, ou bien, à sa libération, avec un certificat de bonne conduite et un casier judiciaire intact, il pourra facilement entrer dans les douanes, les grandes compagnies de chemin de fer, etc., en un mot se faire une situation.

Avec le système actuel, au contraire, le mineur, déjà flétri par la prison, va achever de se perdre dans les bataillons d'Afrique (1) où il sera exposé aux plus mauvais exemples : de plus, à sa libération, le seul fait d'avoir servi dans un corps recruté de condamnés lui causera une défaveur qui le suivra toute sa vie.

Ces inconvénients sont d'autant plus graves, que l'on refuse à ces jeunes gens le bénéfice de la loi du 26 mars 1891. Le ministère de la guerre fait une application rigoureuse de l'article 2, § 2 de cette loi : « La suppression de la peine ne comprend pas les peines accessoires et les incapacités résultant de la condamnation ».

Le ministre de la guerre estime que le mot incapacités vise les articles 5 et 59 de la loi du 15 juillet 1889, car, si

(1) Il se fait souvent une confusion entre les corps de troupe destinés à recevoir les hommes exclus des régiments réguliers et qui sont les compagnies de discipline et les bataillons d'infanterie légère d'Afrique.

Les compagnies de discipline, composées de fusiliers et de pionniers, sont principalement destinées à recevoir les indisciplinés des corps de troupe qui, sans être passibles des Conseils de guerre, ne peuvent être corrigés par les peines disciplinaires. Ils y sont envoyés par un conseil de discipline composé d'un chef d'escadron, de deux capitaines et de deux lieutenants.

Ces compagnies ont été réorganisées par les décrets des 5 juillet 1890, 23 novembre 1895 et 20 mars 1895.

Les bataillons d'Afrique reçoivent au contraire les hommes qui, avant leur incorporation, ont été condamnés à des peines prévues par les articles 5 et 59 de la loi du 15 juillet 1889. Ceux qui ont été condamnés à des peines afflictives ou infamantes sont exclus de l'armée, mais mis à la disposition du ministre de la marine.

Il y a, en outre, en dehors des prisons et des pénitenciers militaires, les ateliers de travaux publics qui reçoivent les militaires condamnés pour les crimes et délits prévus par le Code de justice militaire.

la peine est conditionnelle, la condamnation est réelle pendant le délai de 5 ans à partir du jugement ; le condamné est atteint dans ses droits civiques, électoraux et militaires.

La mesure de clémence du juge évitera au mineur la promiscuité de la prison, mais non celle du bataillon d'Afrique, qui est aussi dangereuse.

Et ces mineurs sont nombreux ; le bulletin de la Commission pénitentiaire internationale fournit une statistique qui, sans indiquer les mineurs de 16 à 18 ans, indique ceux de 16 à 21 ans : 14.557 en 1887, 17.345 en 1891 ; il est probable que les mineurs de 16 à 18 ans concourent à ces totaux proportionnellement à l'importance de leur nombre dans l'ensemble total des mineurs de 16 à 21 ans.

A ceux qui objectent l'intérêt de la défense de la société, les réformateurs répondent qu'ils ne veulent pas écarter un châtiment mérité, mais prolonger la présomption favorable au mineur ; que s'il est impossible de fixer exactement l'âge qui doit être favorisé par une présomption d'irresponsabilité et celui où il y présomption contraire, ils veulent favoriser la première en étendant un peu les données fournies par l'observation et la statistique, et que d'ailleurs la latitude laissée au juge par l'article 66 permet de faire une sélection entre les bons et les mauvais en refusant le bénéfice du non-discernement à ceux qui ne seraient pas dignes de cette faveur et dont on ne peut attendre l'amendement.

Quelles que soient la valeur de ces objections et l'autorité de ceux qui les présentent, nous ne sommes pas partisans de réformer le Code pénal et l'âge de 16 ans peut être maintenu dans l'article 66. Il semble qu'il y a quelque chose de choquant à poser au delà de 16 ans la question de discernement ; rien de plus naturel que de le faire pour des enfants qui ne sont ni fous, ni idiots, mais qui ne sont que des enfants ; le développement de l'enfance est si complexe et soumis à tant d'influences diverses que le non-discernement, ne fût-il qu'une fiction, cette fiction serait utile et légitime ; mais il y a une limite à tout.

L'observation nous montre la précocité des adolescents ; l'instruction devenue obligatoire est mise à la portée de tous, le mouvement qui tend à délaisser les campagnes pour les grandes agglomérations, la diminution du contrat d'apprentissage et l'admission plus précoce dans les rangs des travailleurs salariés, peut-être aussi la publicité donnée par la presse aux crimes et aux délits, tout contribue à faire prendre part plus tôt les adolescents aux avantages, aux plaisirs, aux habitudes bonnes ou mauvaises de la société adulte ; tout tend à développer leur précocité. Si un adolescent de plus de 16 ans n'a pas le discernement de ce qu'il fait, c'est qu'il a une tare physiologique ; mais l'adolescent dont le développement est normal, qui a ses facultés intellectuelles et dont l'instruction civique et morale est terminée, est certainement doué du discernement du bien et du mal.

L'observation nous montre également dans les adolescents de 16 à 18 ans un grand nombre de criminels, souvent récidivistes, et l'on ne doit pas désarmer la société devant eux. Les partisans de la réforme voudraient faire entrer dans des maisons de correction les mineurs de 16 à 18 ans ; mais de graves objections se présentent.

On veut envoyer des enfants de plus de 16 ans dans les maisons de correction parce qu'ils y subiront un contact moins démoralisant que celui de la prison, mais il est à craindre qu'ils ne prennent une fâcheuse influence, qu'ils ne souillent ceux qu'ils viennent y rejoindre. Si l'on craint pour eux la promiscuité des prisons, il faut les améliorer par l'emprisonnement cellulaire : il y a bien dans les maisons de correction des adolescents de 18 ans, mais ils y sont entrés jeunes, la connaissance qu'ils avaient de la longue durée de leur détention les a rendus plus dociles ; l'éducation et l'habitude ont fait le reste (1).

Plus un enfant arrive jeune dans une maison de correction, plus il est facile de le relever ; quand on y reçoit des enfants d'origine urbaine de 15 à 16 ans, il est rare qu'ils ne soient pas profondément pervertis et l'œuvre de la régénération se heurte à la corruption et à la paresse invétérées.

Ce serait bien pis avec des enfants de plus de 16 ans ; on ne peut arriver à un résultat sérieux que si le séjour est prolongé à cause du temps perdu à l'arrivée et surtout aux approches de la libération où l'enfant ne songe qu'à la liberté qu'il va reconquérir. Le profit bien incertain que les adolescents de 16 à 18 ans retireraient de leur séjour ne récompenserait pas le mal qu'ils feraient aux autres.

Nous croyons que l'âge de 16 ans doit être conservé ainsi que l'a décidé la Commission extra-parlementaire de la revision du Code pénal.

Ceci posé, nous devons reconnaître le bien fondé des objections contre l'incorporation de certains mineurs dans les bataillons d'Afrique. Mais pour corriger ces inconvénients, il n'est pas besoin de bouleverser l'article 66, il suffit de mettre en harmonie la loi militaire et la loi du 26 mars 1891.

(1) *Bulletin de la société des prisons.*

Des tentatives ont été faites dans ce sens. M. Bérenger proposa au Sénat, le 1er juillet 1892, la modification des articles 5 et 59 de la loi sur le recrutement : cette proposition, étendue à l'article 48 de la même loi visant les hommes de la réserve et de la territoriale, fut convertie par le Sénat en projet de loi, sur un rapport de M. Bardoux, au nom de la Commission de l'armée, les 13 et 21 juillet 1893.

Ce projet est ainsi conçu :

« Les articles 5, 48, 59 de la loi du 15 juillet 1889 sont modifiés ainsi qu'il suit :

« *Art. 5.* — Les individus reconnus coupables... sont incorporés dans les bataillons d'Afrique. Toutefois, sur la proposition du préfet et après enquête, l'autorité militaire pourra affecter à d'autres corps ceux de ces jeunes gens dont la conduite, depuis leur sortie de prison, aura été reconnue satisfaisante ».

Le projet ajoute à l'article 5 un paragraphe ainsi conçu : « D'une manière générale, les hommes qui ont été condamnés pour faits visés à l'article 5, mais auxquels il aura été fait application de la loi du 16 mars 1891, ne doivent pas être considérés comme condamnés tant que la peine aura été suspendue ».

« *Art. 48.* — Les dispositions des deux derniers paragraphes seront appliquées aux hommes qui, après avoir quitté l'armée active, ont encouru les condamnations spécifiées à l'article 5. Toutefois, ces derniers ne seront affectés aux bataillons d'Afrique qu'un an après leur sortie de prison et par une décision du ministre de la guerre, rendue sur la proposition du préfet après enquête sur leur conduite depuis ce moment.

Les périodes d'exercices auxquels ils pourraient être

astreints, au cours de l'année qui suit leur sortie de prison, ne seront accomplies qu'après qu'il aura été statué sur affectation comme hommes de la disponibilité de la réserve de l'armée active ou de l'armée territoriale. »

« *Art. 59.* — L'engagé volontaire doit n'avoir jamais été condamné pour vol, escroquerie, abus de confiance, attentat aux mœurs et n'avoir subi aucune des peines prévues par l'article 5 de la présente loi, à moins qu'il ne veuille contracter son engagement aux bataillons d'Afrique, ou qu'il ne justifie d'une décision prise par le ministre de la guerre, après enquête sur sa conduite depuis sa sortie de prison. La demande de l'intéressé sera transmise par le préfet qui y joindra son avis motivé. L'engagement ne sera reçu que pour 5 ans dans tout autre corps que les bataillons d'Afrique. »

Ce projet de loi, venu devant la Chambre des députés, a été renvoyé devant la Commission de l'armée. Le général Riu a déposé son rapport le 14 juillet 1894 et, depuis, le rapport se trouve arrêté.

Le rapporteur était du reste hostile au projet et estimait que la disposition de l'article 5 suffisait : « Après un séjour d'un an dans les bataillons d'Afrique, les hommes qui seraient l'objet de rapports favorables de leurs chefs pourront être renvoyés dans d'autres corps par le ministre de la guerre. » Mais cette disposition paraît lettre morte dans la pratique.

Le Conseil général de la Seine a adopté, le 20 mai 1895, sur la proposition de M. Clairin, un vœu pour que « le projet de loi voté par le Sénat, les 17 et 21 juillet 1893, soit mis dans le plus bref délai à l'ordre du jour de la Chambre des députés et voté par elle dans son intégralité ».

Ce projet de loi met en harmonie la loi militaire avec la

loi Bérenger ; il a le double avantage de faciliter le relèvement des adolescents que les passions ont pu faire dévier un instant de l'honnêteté et en même temps de sauvegarder les intérêts de la masse des soldats honnêtes : car l'autorité militaire peut faire un choix et n'admettre à l'honneur de servir dans l'armée régulière que ceux qui ont montré des signes de repentir sérieux.

Mais il est aussi une mesure qui, sans rien bouleverser dans notre législation, pourrait produire de bons effets.

Les bataillons d'Afrique, dispersés dans tout le sud de l'Algérie et de la Tunisie (le Kreider, Laghouat, le Keftales, Batna), fournissent de nombreux détachements.

L'autorité militaire pourrait peut-être faire un choix et réunir dans certaines compagnies ceux qui, n'ayant pas été jugés dignes de servir en France, ne sont pas cependant absolument réfractaires à toute idée de redressement. On éviterait ainsi de mauvais exemples et des fréquentations pernicieuses. Ceux qui se conduiraient mal seraient renvoyés au bataillon, de même que ceux du bataillon qui se conduiraient mieux seraient envoyés dans les compagnies spéciales.

En 1892, le comité de défense des enfants traduits en justice émettait le vœu que : « M. le ministre de la guerre étudie s'il n'y a pas moyen d'affecter dans les bataillons d'infanterie légère d'Afrique des compagnies spéciales aux mineurs désignés dans l'article 5, qui ont été condamnés avant l'âge de seize ans, que ces compagnies soient séparées des autres compagnies du bataillon comme résidence et que l'incorporation dans ces compagnies n'ait jamais lieu qu'après une enquête favorable ».

Des considérations d'ordre militaire, dit M. Guillot, ont fait repousser jusqu'à ce jour les efforts des sociétés de patronage qui, désireuses de chercher le salut de l'adolescent dans la discipline militaire, auraient voulu, au moins, atténuer l'absolutisme de la loi en donnant au ministre de la guerre le droit d'accorder des dispenses aux sujets les plus méritants (1).

Ainsi nous pensons qu'il ne faut pas modifier l'âge de 16 ans ; mais accorder aux jeunes gens ayant bénéficié de la loi Bérenger, la suppression des incapacités qui les frappent au point de vue du recrutement ; permettre à l'autorité militaire, dans certains cas, de recevoir les engagements dans les corps de troupes réguliers et faire dans les bataillons d'Afrique certaines catégories.

Néanmoins nous devons reconnaître que beaucoup de criminalistes, en présence de la fâcheuse influence de la prison sur les jeunes condamnés, proposent de reporter la majorité pénale à l'âge de dix-huit ans afin de faciliter les engagements militaires de ces jeunes égarés.

Et ainsi que le fait observer M. Guillot : « Ce ne sont pas les théoriciens qui ont formulé ce vœu, présenté pour la première fois en 1832 à l'occasion de la réforme du Code pénal (2). Ce sont au contraire les hommes pratiques dont les opinions se sont formées au contact des faits et qui ont constaté par l'observation journalière combien sont terribles les conséquences résultant d'une condamnation prononcée au début de la vie à l'occasion d'un fait souvent bien minime : ce fait constituant un délit, les juges sont bien obligés de le punir de la prison, pour obéir à la loi, mais ils regrettent en même temps qu'une autre solution ne soit pas à leur disposition.

« C'est ainsi que, dans les travaux d'une commission

(1) Guillot, *op. cit.*, p. 328.
(2) Voir plus haut, page 40.

qui, en mars 1870, s'occupa du régime des établissements pénitentiaires et dont les intéressantes délibérations furent arrêtées par les événements de septembre, la thèse du recul de la majorité fut soutenue par tous les hommes mêlés à la pratique soit comme magistrats, soit comme administrateurs ou directeurs de patronage et à son tour le rapport de la grande enquête de 1875 sur le régime pénitentiaire se rattachait à cette opinion (1). »

Au congrès de Saint-Pétersbourg, M. Albert Rivière, secrétaire général de la Société des prisons, émettait une proposition dans le même sens.

Au congrès d'Anvers de 1894, M. Flandin, vice-président du tribunal de la Seine, chargé du rapport sur la quatrième question de la première section, avait demandé l'adoption de quatre propositions dont la troisième était ainsi conçue : « Dans les pays où la majorité pénale commence à l'âge de seize ans, il serait utile de reculer à l'âge de dix-huit ans le point de départ de cette majorité. » Il est vrai que le congrès d'Anvers de 1894 n'a formulé aucun vœu à ce sujet.

Mais depuis la proposition a été reprise et accueillie favorablement : la 4e section du congrès pénitentiaire international, réuni à Paris en juillet 1895, avait à étudier la question suivante :

QUESTION I. — En ce qui concerne les jeunes garçons, ne convient-il pas de reculer la limite de la minorité pénale jusqu'à l'âge de l'engagement militaire ? (Il faut entendre, par minorité pénale, la période pendant laquelle le juge peut prononcer l'acquittement pour manque de discernement, sauf envoi dans un établissement d'éducation correctionnelle).

(1) Guillot, *op. cit.*, p. 320.

Sur cette question, la 4e section du congrès a émis le vœu suivant :

Il convient de fixer la limite de la minorité pénale à l'âge de dix-huit ans, à condition que les enfants envoyés dans une maison d'éducation correctionnelle après l'âge de seize ans ne seront pas confondus avec les autres.

Tous les efforts des jurisconsultes semblent donc combinés pour faire reporter la majorité pénale à l'âge où les engagements militaires peuvent être contractés, c'est-à-dire à l'âge de dix-huit ans ; mais, nous le répétons, cette réforme ne nous paraît pas nécessaire, elle nous semble inutile si le projet de loi déposé par M. Bérenger en 1893 et voté par le Sénat, est adopté.

CHAPITRE II

CONSÉQUENCES DE LA MINORITÉ PÉNALE AU POINT DE VUE DE LA COMPÉTENCE ET DE LA PÉNALITÉ.

Nous avons vu que notre loi criminelle a fait au mineur de seize ans une situation spéciale.

Jusqu'à seize ans accomplis, le mineur est présumé irresponsable ? il est nécessaire d'établir qu'il a agi avec discernement ; au contraire, au-dessus de seize ans, il est présumé responsable.

En dehors de cette présomption d'irresponsabilité, la loi fait au mineur de seize ans une situation spéciale :

1° Quant à la compétence ;

2° Quant à la question de culpabilité ;

3° Quant à l'atténuation de la peine en cas de condamnation ;

4° Quant à la nature et aux conséquences de l'acquittement.

Nous allons examiner successivement ces divers points.

Nous diviserons ainsi notre chapitre en quatre titres :

Titre I. — Influence de la minorité pénale sur la compétence.

Titre II. — Question de discernement.

Titre III. — Nature et conséquences de l'acquittement pour défaut de discernement.

Titre IV. — Influence de la minorité pénale sur la pénalité dans le cas où le mineur a agi avec discernement.

TITRE PREMIER

Quelle est l'influence de la minorité pénale sur la compétence ?

Nous diviserons ce titre en deux sections.

Première section. — Quelle est la juridiction chargée de statuer sur les crimes et délits des mineurs de seize ans ?

Deuxième section. — L'attribution de la compétence au tribunal correctionnel a-t-elle pour effet de transformer les crimes en délits ? Le législateur n'a-t-il pas voulu indiquer par ce changement de juridiction son intention de modifier la qualification du fait incriminé ?

Troisième section. — Y a-t-il lieu de modifier les règles de procédure pénale qui régissent les poursuites dirigées contre les enfants ?

SECTION I. — *Quelle est la juridiction chargée de statuer sur les crimes et délits des mineurs de seize ans.*

L'article 68 du Code pénal nous donne à ce sujet une indication très précise : « L'individu, âgé de seize ans, qui n'aura pas de complices présents au-dessus de cet âge, et qui sera prévenu de crimes autres que ceux que la loi punit de la peine de mort, de celle des travaux forcés à perpétuité, de la peine de déportation et de celle de la détention, sera jugé par les tribunaux correctionnels, qui se conformeront aux deux articles ci-dessus ».

Cette disposition n'existait pas dans le Code de 1810 ; elle a été mise en vigueur par la loi du 25 juin 1824 et insérée dans l'article 68 au moment de la revision du Code pénal en 1832.

Son but est d'épargner au mineur la flétrissure des débats en Cour d'assises et de lui donner une justice plus prompte et moins solennelle.

Le législateur de 1810 avait classé les infractions en trois catégories d'après leur gravité : contraventions, crimes et délits, et il avait institué trois sortes de tribunaux et Cours d'assises, tribunaux correctionnels et tribunaux de simple police. Désireux d'assurer l'unité et la simplicité des lois de procédure, il n'avait pas apporté de modification à ces règles générales en faveur des mineurs de seize ans ; il leur infligeait seulement des peines inférieures aux peines infligées aux majeurs de seize ans, mais il ne leur accordait aucun privilège de juridiction.

Des critiques ne tardèrent pas à s'élever contre cette législation. il semblait à certains auteurs contradictoire et illogique de renvoyer les mineurs devant la Cour d'assises alors que la loi ne leur infligeait que des peines correctionnelles ; la Cour suprême eut même l'occasion d'affirmer sa jurisprudence sur ce point.

La Cour de Paris avait renvoyé devant le tribunal de police correctionnelle deux mineurs prévenus d'un vol commis de complicité dans une maison habitée, crime puni de la réclusion par l'article 386 du Code pénal ; la Cour de cassation casse cet arrêt parce que, cette peine de la réclusion étant une peine afflictive et infamante (art. 7, C. pén.), il s'ensuivait que le vol en question était un crime (art. 1er, C. pén.) ; qu'ainsi la connaissance en appartenait, aux cours criminelles, aux termes de l'article 237 du Code d'instruction criminelle de 1808, et que les prévenus ne pouvaient être soustraits à la poursuite criminelle à raison de leur âge, qui était au-dessous de seize ans, puisque cette circonstance d'âge devait, selon les articles 340 et 446 du Code d'instruction criminelle, donner matière à une question dont la décision entrait dans les attributions du jury et qu'il ne peut y avoir de jury que dans les affaires qui s'instruisent criminellement devant les Cours d'assises ; la Cour de cassation concluait de ce qui précède qu'en renvoyant lesdits prévenus devant le tribunal de police correctionnelle, la Cour de Paris avait violé les règles de compétence établies par la loi (1).

C'est la loi du 25 juin 1824 qui vint apporter une dérogation aux règles générales de la compétence.

Dans l'exposé des motifs de la Chambre des députés, M. de Peyronnet justifiait ainsi cette réforme : « Quoi de plus convenable et même de plus régulier que de faire juger par les tribunaux correctionnels des procès dans lesquels on ne peut jamais prononcer que des condamnations correctionnelles? Quoi de plus convenable que de soustraire à la honte et à la solennité des jugements criminels ces accusés qui n'ont pas atteint l'âge d'homme, et auxquels, au lieu de supplice, la loi n'inflige encore que des corrections? Quoi de plus utile que d'abréger pour eux le temps de leur première détention, ce temps dangereux pendant lequel, retenus nécessairement dans les maisons d'arrêt, ils restent confondus avec les autres accusés dont on instruit le procès, et reçoivent avec tant de facilité les enseignements du vice et du crime ? »

Le général Foy combattit cette disposition qui constituait, disait-il, une première atteinte au jury ; néanmoins la réforme proposée fut adoptée.

(1) Cass., 4 avril 1881, Sirey, C. N. 8e volume, 1, 310.

L'article 1er de la loi du 25 juin 1824 édictait la disposition suivante : « Les individus âgés de moins de seize ans, qui n'auraient pas de complices au-dessus de cet âge et qui seraient prévenus de crimes autres que ceux auxquels la loi attache la peine de mort, celle des travaux forcés à perpétuité, ou celle de la déportation, seront jugés par les tribunaux correctionnels ».

Cet article, à la suite de la revision du Code pénal en 1832, est devenu, avec de légères modifications, l'article 68 du Code pénal : Les travaux préparatoires nous expliquent comment cette transposition a été opérée : « L'article 1er de la loi du 25 juin 1824 a déféré aux tribunaux correctionnels les mineurs âgés de seize ans qui se seraient rendus coupables de crimes autres que ceux auxquels la loi attache la peine de mort, celle des travaux forcés à perpétuité ou celle de la déportation. Cette loi devait trouver place dans la projet actuel. Nous avons pensé que cette disposition ne trouvait pas convenablement sa place à la suite de l'article 67, qu'il fallait qu'elle fût complètement isolée de cet article, afin qu'on pût trouver plus facilement les rapports qu'elle a essentiellement tout à la fois avec ce dernier article et l'article précédent. Il fallait donc trouver une autre place. Cette place est naturellement celle de l'article 68, qui devient sans objet au moyen d'une disposition que vous avez adoptée précédemment (1).

Cette modification du Code pénal n'a pas été regardée par tous les auteurs comme une faveur faite au mineur (2).

(1) L'ancien article 68 abrogé par la loi du 28 avril 1832 décidait que, dans aucun des cas prévus par l'article précédent, le condamné ne subirait d'exposition publique.

(2) Chauveau, *Code pénal progressif*, p. 191.

Ils disent en effet que l'institution du jury a toujours été regardée comme une garantie pour les accusés et qu'une plus grande sévérité de la part des tribunaux correctionnels peut être redoutée. Mais ce reproche aux magistrats correctionnels d'être moins portés à l'indulgence ne semble pas fondé, et d'ailleurs, le mineur trouve un avantage considérable dans la publicité moins grande des débats ; d'un autre côté, il n'y aura souvent lieu de prendre vis-à-vis du mineur que des mesures d'éducation et le tribunal sera plus à même que le jury de décider de ces mesures.

Il est encore un argument que M. de Peyronnet, garde des sceaux indiquait dans l'exposé des motifs de la loi de 1824 ; c'est qu'il est naturel de faire juger par le tribunal correctionnel des procès où l'on ne peut infliger que des peines correctionnelles.

Du reste la règle qui défère les mineurs de seize ans devant le tribunal correctionnel comporte des exceptions :

1re Exception. — Si le mineur a des complices majeurs, il est bien difficile de scinder la poursuite et de traduire les accusés devant des juridictions différentes ; sans parler des difficultés de procédure, les deux juridictions pourraient rendre des jugements contradictoires. Ne voulant pas faire bénéficier les complices majeurs d'un privilège de juridiction exclusivement accordé à la faiblesse de l'âge, le législateur a préféré traduire dans ce cas le mineur en Cour d'assises ; mais l'article 68 exige la présence des complices ; cette exigence n'existait pas dans la loi de 1824 ; elle a été ajoutée en 1832. Elle peut s'expliquer par ce fait que si le mineur est seul traduit en justice, l'indivisibilité de la poursuite n'est plus en cause ; nous pouvons remarquer qu'elle n'empêche pas qu'il y ait quelquefois sur une même affaire des décisions contradictoires ; ainsi que le fait remarquer M. Garraud, il est difficile d'apprécier exactement la portée de cette règle.

2e Exception. — Il y a également exception quand le fait incriminé peut entraver une peine particulièrement grave ; la mort, les travaux forcés à perpétuité, la déportation, la détention.

Plusieurs raisons justifient ces exceptions.

Si l'on défère le mineur en police correctionnelle, c'est pour ménager sa réputation et ne pas rendre impossible dans la suite son reclassement ; ici le fait particulièrement grave qu'il a commis indique une perversité précoce et qui ne laisse que peu d'espoir pour l'avenir ; ce fait aura pu avoir par lui-même un grand retentissement et les efforts pour rendre la poursuite moins publique seraient inutiles.

L'article 67 indique que le mineur qui a encouru la peine de mort, des travaux forcés à perpétuité et de la déportation sera condamné à une peine de 10 à 20 ans d'emprisonnement dans une maison de correction ; or l'emprisonnement correctionnel étant de 5 ans au maximum, on n'a pas voulu faire prononcer par les tribunaux correctionnels une peine supérieure à celles qu'ils peuvent ordinairement infliger.

3e Exception. — La détention ne figurait pas dans la loi de 1824. La détention étant une peine politique doit être de la compétence du jury ; le reproche de sévérité, que l'on faisait, à tort, croyons-nous, aux magistrats dans les cas de droit commun, pourrait peut-être se trouver justifié dans les causes politiques.

Il en est de même pour les délits de presse où la présence du jury est encore une garantie pour l'accusé. M. Garrandestime qu'il n'y a pas d'inconvénient à la publicité de la Cour d'assises dans ce cas, les procès de cette nature ne portant pas atteinte, dit-il, à la considération. Mais ce dernier motif n'est pas exact d'une manière absolue.

Nous concluons donc que le tribunal correctionnel est le tribunal de droit commun pour les mineurs ; il y a exception pour les diverses affaires réservées à la Cour d'assises que nous venons d'indiquer et pour les contraventions ; à cet égard en effet on suit les règles ordinaires.

SECTION II. — *L'attribution de la compétence au Tribunal correctionnel pour juger les crimes commis par les mineurs de seize ans a-t-elle pour effet de transformer les crimes en délits ? Le législateur n'a-t-il pas voulu indiquer par ce changement de juridiction son intention de modifier la qualification du fait incriminé ?*

L'attribution de la compétence à un Tribunal d'un ordre ou d'un degré quelconques ne suffit pas toujours pour donner à un fait juridique sa qualification exacte. Nous savons en effet que les délits de presse sont déférés à la Cour d'assises par la loi du 29 juillet 1881 ; les délits de propagande anarchiste et de provocation dans le même but sont seuls déférés à la police correctionnelle par la loi du 28 juillet 1894. Néanmoins les délits de presse restent dans les deux cas de simples délits punis de peines correctionnelles.

Il est évident que l'attribution de la compétence aux tribunaux correctionnels pour juger des crimes commis par des mineurs de seize ans ne suffirait pas non plus à transformer ces crimes en délits ; d'une part, si le mineur doit être en principe traduit devant la police correctionnelle, nous pourrions constater qu'il s'agit d'une compétence tout exceptionnelle, et, d'autre part nous pourrions remarquer que, même dans le cas où il est traduit devant la Cour d'assises, le mineur n'est puni que de peines correctionnelles.

Dès lors la question ne doit-elle pas se poser d'une manière plus large ? N'y a-t-il pas lieu de rechercher plutôt si le législateur n'a pas voulu indiquer par ce changement de juridiction son intention de modifier la qualification du fait incriminé et quel est le motif qui l'a conduit à qualifier différemment les crimes commis par les mineurs de seize ans ? C'est là que nous trouverons la solution de la question : le véritable motif nous paraît se trouver dans ce fait que la minorité constitue une excuse atténuante quand le mineur a agi avec discernement ; et par suite la question qui nous occupe doit être rattachée à une question plus générale qui est soulevée à l'occasion de toutes les excuses et qui peut être formulée ainsi : En transformant la *nature* de la peine, l'excuse transforme-t-elle la *nature* de l'infraction ? Le fait non excusé était un *crime* ; excusé, devient-il un délit ?

Sur ce point, deux systèmes ont été exposés :

Premier système. — L'excuse, en substituant à la peine criminelle, dont l'infraction était punissable, une peine correctionnelle, a pour résultat de faire dégénérer le *crime* en *délit* (1).

Pour soutenir cette opinion, nous trouvons un point d'appui très ferme dans l'article 1er du Code pénal, qui définit le délit, toute infraction que *les lois punissent de peines correctionnelles*. Or dans le cas de *minorité*, c'est la loi même qui prononce *directement* une peine correctionnelle

(1) Voir Garraud, *Précis*, p. 292 et *Traité*, II, p. 227.

contre les crimes qui ont été commis par des mineurs de seize ans. Aussi cet effet attribué à l'excuse ne pourrait être donné aux circonstances atténuantes. Sans doute, dit M. Garraud, ces dernières ont souvent pour résultat de substituer une peine correctionnelle à une peine criminelle ; mais la transformation de peine, qui s'accomplit dans ce cas, n'est pas l'œuvre directe de la loi, elle est l'œuvre du juge ; ce n'est pas en vertu de circonstances prévues à l'avance par le législateur que la peine est modifiée, mais en vertu des circonstances laissées à l'appréciation du juge, et ces circonstances ne peuvent ni ne doivent changer la qualification *légale* du fait incriminé (1).

En outre, le fait ne reste pas intrinsèquement le même : ce n'est pas la même chose de commettre un meurtre volontaire ou prémédité, ou un meurtre résultant d'une indignation qui a été provoquée ; le fait a changé.

Enfin les excuses sont le contraire des circonstances aggravantes : ces circonstances aggravent la peine, les excuses l'atténuent, en vertu d'une appréciation légale : or le vol simple est un délit ; le vol qualifié, un crime ; si le fait est excusé, le même résultat doit avoir lieu en sens inverse. M. Garraud ajoute : « toute infraction se compose de deux éléments : la matérialité du fait, la moralité de l'agent ; or les circonstances qui se rattachent à tous ces éléments, et à raison desquelles la loi elle-même modifie la peine de l'infraction, doivent avoir le même effet dans une législation qui qualifie l'infraction *crime* ou *délit* d'après la peine légale dont elle est passible (2).

M. Garraud signale encore la discussion de la loi du 13 mai 1863 et la revision des articles 57 et 58 du Code

(1) Garraud, *Précis*, p. 202 et 203 et *Traité*, II, p. 227.
(2) Garraud, *Précis*, p. 203 et *Traité*, II, p. 228.

pénal, ainsi que la discussion et le texte des paragraphes 2 et 3 de l'article 4 de la loi du 27 mai 1885, sur la relégation des récidivistes. Dans les premiers textes, le législateur a consacré ce principe que le condamné pour crime est seulement celui auquel la loi inflige des peines afflictives ou infamantes ; celui qui n'a été condamné, en vertu de la loi, qu'à des peines correctionnelles est condamné pour délit (1). Dans la discussion de la loi de 1885, un rapporteur parlait au Sénat de *condamnations à l'emprisonnement pour faits qualifiés crimes.* « Cette proposition est exacte lorsque la peine criminelle est écartée par application des circonstances atténuantes. Mais elle ne l'est pas, lorsque la peine criminelle est transformée en peine correctionnelle par application des excuses. Il y a un moyen de laisser aux paroles du rapporteur toute leur exactitude, c'est d'admettre que le crime légalement excusé cesse d'être un crime et devient un simple délit (2). »

Ainsi, d'après le premier système, l'attribution de la compétence des crimes et délits des mineurs aux tribunaux correctionnels et l'atténuation de la peine qui est infligée à ces mineurs ont pour effet de mettre la compétence et la pénalité d'accord avec la nature de l'infraction.

Deuxième système. — Le crime excusé reste crime parce que c'est le même fait que s'il n'y avait pas d'excuse ; le fait reste intrinsèquement le même.

M. Villey, qui a très fortement soutenu ce système dans une note sous l'arrêt de cassation du 12 août 1880, écarte d'abord comme secondaire l'objection que les crimes commis par les mineurs rentrent dans la compétence des tribunaux correctionnels, car il est certain que la nature de

(1) Garraud, *Traité*, II, p. 228.
(2) Garraud, *Traité*, II, p. 228 et note 2.

la juridiction à laquelle un fait est déféré ne peut avoir aucune influence sur ses qualifications. En effet, ainsi que le fait observer M. Faustin Hélie, qui cependant est partisan du premier système, la juridiction correctionnelle est journellement appelée à connaître de simples contraventions (C. inst. crim., art. 192), la Cour d'assises de simples délits (C. inst. crim., art. 365). D'ailleurs nous savons que le mineur peut être traduit en Cour d'assises s'il a des complices majeurs présents. Cette circonstance toute fortuite ne peut avoir aucune influence sur la qualification du fait délictueux. « Il faut donc s'attacher uniquement à la qualification du fait, non pas à celle que lui a donnée la poursuite, mais à celle qui résulte du jugement, lequel contient la vérité judiciaire (1). »

Jusqu'ici M. Villey est d'accord avec les partisans du premier système, mais la divergence commence quand il s'agit de déterminer l'effet de l'article 1er du Code pénal sur la qualification du fait délictueux. M. Villey reconnaît bien que cette qualification se déduit de la nature de la peine ; mais « de la peine portée par la loi contre l'infraction reconnue constante, et non de la peine prononcée contre tel agent à raison de circonstances spéciales et contingentes. Il faut distinguer la criminalité *objective*, qui exprime la gravité sociale du fait, de la criminalité *subjective* qui exprime le degré de culpabilité de l'agent (2). »

Cette distinction lui paraît résulter du texte même de l'article 1er du Code pénal qui définit le délit, l'infraction que *les lois* punissent de peines correctionnelles. « Est-ce qu'il ne résulte pas de là qu'il ne faut s'attacher qu'à la peine prononcée par la loi, par *les lois* contre le fait

(1) Villey, note dans Sirey, 1881.1.385, 1re colonne.
(2) Villey, *ibid.*, 2e colonne.

lui-même, à la criminalité *objective* ? Ce texte, au moins, se concilie fort bien avec notre théorie, dit M. Villey, qui nous cite encore l'article 68 comme plus inconciliable encore avec le premier système puisque ce premier système est basé sur ce principe que le crime commis par un mineur, n'étant puni que de peines correctionnelles, dégénère en simple délit et que l'article 68 non dit que l'individu âgé de moins de seize ans, qui n'aura pas de complices présents au-dessus de cet âge, et qui sera prévenu de *crimes* autres que ceux que la loi punit de la peine de mort, de celle des travaux forcés à perpétuité, de la peine de la déportation ou de celle de la détention, sera jugé par les tribunaux correctionnels.

M. Villey fait encore remarquer que, si le raisonnement des auteurs qui défendent le premier système était vrai pour le mineur, il s'appliquerait également aux autres excuses légales prévues par les articles 321 et suiv. du Code pénal, *à fortiori* même, car, dans les cas où la loi admet une excuse qui transforme la peine criminelle en peine correctionnelle, l'excuse agit sur la criminalité intrinsèque du fait et non plus seulement sur la culpabilité personnelle de l'agent. Or, d'après cet auteur, ceci serait contraire : 1° à la rubrique même sous laquelle sont placés les articles 321 et suiv. : « *Crimes* ou délits excusables et cas où ils peuvent être excusés » ; 2° au texte de l'article 322 : « Les *crimes* et délits mentionnés au précédent article sont également excusables... » ; 3° au texte de l'article 325 : « Le *crime* de castration, s'il a été immédiatement provoqué par un outrage violent à la pudeur, sera considéré comme meurtre ou blessures excusables » ; 4° enfin, et surtout, au texte de l'article 326, d'autant plus significatif que c'est lui qui modifie la nature de la peine, tout en maintenant la qualification du crime : « Lorsque le fait d'excuse sera prouvé, s'il s'agit d'un *crime* emportant la peine de mort, ou celle des travaux forcés à perpétuité, ou celle de la déportation, la peine sera réduite à un emprisonnement d'un an à cinq ans ; s'il s'agit *de tout autre crime*, elle sera réduite à un emprisonnement de six mois à deux ans... ; s'il s'agit d'un *délit*, la peine sera réduite à un emprisonnement de six jours à six mois (1). »

Enfin M. Villey, après avoir invoqué le texte de l'article 637 du Code d'instruction criminelle sur lequel nous reviendrons plus loin, repousse le premier système en affirmant que, pour être logique, il faudrait, comme l'a fait M. Faustin Hélie, décider que la qualification doit être changée aussi quand le fait est puni d'une peine correctionnelle par suite de l'admission de circonstances atténuantes. Or il est difficile d'admettre que la nature du fait puisse changer par suite de l'admission de circonstances atténuantes, absolument discrétionnaires pour le jury, qui peut même ne les déclarer que pour mitiger la peine prononcée par la loi quand elle lui paraît excessive, et que le sort de l'action publique, qui paraissait le plus régulièrement intentée, soit mis rétroactivement à la discrétion du jury ou des juges (art. 463, C. pén.). La jurisprudence n'a pas osé accepter les conséquences de ce principe. C'est donc qu'il faut entendre l'article 1er du Code pénal comme parlant de la peine portée par la loi *in abstracto*, de la criminalité *objective* ; et alors il importe peu que ce soit par l'effet de la minorité, ou d'une autre excuse légale, ou de circonstances atténuantes, que la peine appliquée ne soit qu'une peine correctionnelle ; dans aucun cas, le fait

(1) Villey, note dans Sirey, 1881, 1, 385, 2e colonne.

ne changera, à cause de cela, de caractère (1). M. Villey conclut en affirmant que le premier système lui paraît contraire aux principes et aux textes.

Entre ces deux systèmes, lequel faut-il choisir ?

La jurisprudence a varié.

Dans deux arrêts des 10 avril 1818 et 2 avril 1825, la Cour de cassation avait admis que, si la peine était modifiée, la nature de l'infraction restait la même.

Depuis, par arrêts des 25 août 1864, 10 décembre 1869, 12 août 1880, elle avait décidé en sens contraire que le crime commis par un mineur de seize ans, n'étant puni que de peines correctionnelles, dégénère en simple délit.

Mais, le 9 juillet 1891, la Cour suprême est revenue à sa première jurisprudence et a formellement affirmé que, si l'on n'infligeait aux mineurs qu'une peine correctionnelle, c'était en considération de l'âge de l'accusé, mais que ce tempérament ne modifiait pas le caractère de l'acte incriminé dont les éléments substantiels ne sont pas modifiés et que la matière reste criminelle.

Pour nous, le système de M. Villey nous paraît appuyé sur des arguments plus spécieux que solides.

Le premier argument qu'il présente est basé sur la définition que l'article 1er du Code pénal nous donne du délit ; mais cet argument peut être facilement rétorqué par les motifs que nous indique M. Villey lui-même ; l'article 1er du Code pénal définit le délit d'infraction que *les lois* punissent de peines correctionnelles, il s'agit, dit M. Villey, de la peine prononcée par les lois contre le fait lui-même, à raison de la criminalité *objective*. Mais M. Villey aurait dû considérer qu'une peine prononcée contre

(1) Villey, note dans Sirey, 1881.1.385, 3e colonne.
(2) Cass., 9 juillet 1891. Sirey, 1891.1.482.

un fait excusé n'est pas autre chose que la peine prononcée par *les lois* contre le fait lui-même, à raison de la criminalité *objective* puisque l'excuse est formellement prévue et son effet délimité par la loi. On n'a pas le droit de considérer un fait excusé abstraction faite des textes de lois qui le caractérisent et, pour caractériser ce fait, les textes qui indiquent l'excuse doivent être considérés au même titre que les textes qui définissent le crime ; ceci est si vrai que toute décision judiciaire, qui aurait réprimé un fait punissable sans tenir compte de l'excuse, pourrait être frappée d'un recours en cassation et annulée.

L'argument tiré de la présence du mot *crime* dans les articles 321, 322, 325, 326 du Code pénal, ne vaut pas mieux ; la loi ne pouvait parler que de crime, car un fait n'est et ne peut être excusé que par la juridiction de jugement et c'est après le jugement seulement qu'un fait qualifié crime par la loi reçoit, après appréciation de tous les éléments légaux qui le caractérisent, sa véritable qualification.

Ainsi que le fait observer M. Ortolan, « il est possible que les faits objets d'une poursuite pénale s'amoindrissent dans les débats et aboutissent finalement à une condamnation inférieure ; poursuivis comme crime, à une condamnation correctionnelle ; poursuivis comme délit, à une condamnation de simple police. Sur quoi faudra-t-il se baser (pour déterminer le temps de la prescription), sur l'accusation ou sur le résultat final du procès ? sur l'accusation ? bien certainement non ; autre, en effet, est la prétention de la partie poursuivante, autre la vérité judiciaire (1) ».

(1) Ortolan, II, n° 1858, p. 831 et 832.

C'est encore une erreur de prétendre que la conséquence logique du premier système devrait aboutir à décider que la qualification du délit doit aussi être changée quand la pénalité est *réduite* par suite de l'admission de circonstances atténuantes. Dans ce cas, en effet, nous sommes en présence d'une décision uniquement basée sur des considérations de fait, inspirée par un sentiment de pitié ou d'indulgence vis-à-vis d'un coupable malheureux, et, par suite, variable de cause à cause et d'individu à individu. Dans ces conditions, il est évident que nous ne sommes plus en présence d'une pénalité fixée par les lois, mais au contraire d'un adoucissement de la pénalité légale dans un désir d'humanité. Il est évident que, pour qualifier le fait incriminé, c'est la peine, indiquée par la loi, que nous devrons considérer et non la peine appliquée, abstraction faite des indications de la loi, à la suite d'une décision bienveillante du jury. Les circonstances atténuantes ne peuvent donc pas modifier la qualification du fait incriminé à l'occasion duquel elles sont admises.

Mais la solution inverse doit être admise pour les excuses puisqu'elles sont indiquées par la loi et que leur effet en est déterminé avec précision par la loi.

En somme, nous sommes d'accord avec M. Villey pour dire que la criminalité *objective* seule doit être examinée pour qualifier un crime ou un délit conformément à l'article 1er du Code pénal ; mais nous croyons que M. Villey a fait une fausse application du principe qu'il expose parce qu'il n'a pas tenu compte de ce que l'excuse est une institution légale et que la pénalité qui doit frapper un fait excusé est en réalité déterminée par la loi puisque d'une part l'excuse n'existe que si elle est prévue par la loi et que cette même loi détermine avec précision l'effet que l'excuse peut produire sur la répression d'un fait incriminé.

Nous croyons donc que l'excuse atténuante résultant de la minorité de seize ans a pour effet de transformer les crimes en délits quelle que soit la juridiction qui en connaisse ; si le crime commis par un mineur de seize ans devient un simple délit, ce n'est pas par suite du changement de juridiction, mais par suite de l'effet de l'excuse sur le fait incriminé.

Reste à indiquer l'intérêt pratique de la question ; cet intérêt se présente à plusieurs points de vue :

1° Si le crime excusé reste crime, l'action publique destinée à en assurer la répression se prescrit par dix ans, la peine se prescrit par vingt ans. Si le crime excusé devient délit, l'action se prescrit par trois ans.

Jusqu'en 1891, la Cour de cassation avait décidé par arrêts des 25 août 1864 (1), 10 décembre 1869 (2), 12 août 1880 (3) que le crime commis par un mineur de seize ans n'étant puni que de peines correctionnelles dégénère en simple délit ; et elle déduisait du principe ainsi posé que l'action publique en ce cas était soumise à la prescription triennale de l'article 638 du Code d'instruction criminelle.

Nous avons cité plus haut la critique que M. Villey a fait de cette jurisprudence dans une note sous l'arrêt du 12 août 1880.

En 1891, la Cour suprême a opéré un revirement complet.

La Cour d'assises des Basses-Pyrénées avait décidé qu'il résulte de la combinaison des articles 66, 67 et 68 du Code

(1) Cass., 25 août 1864, S. 1865.1.101.
(2) Cass., 10 décembre 1869, S. 1870.1.231.
(3) Cass., 12 août 1880, S. 1881.1.383.

pénal, que le mineur de seize ans, quelle que soit la juridiction devant laquelle il est traduit, ne peut jamais être puni que de l'emprisonnement qui, aux termes de l'article 7 du même Code, est une peine correctionnelle; qu'ainsi la volonté de la loi a été de faire dégénérer en délit toutes les infractions commises par le mineur de seize ans, quelle que soit leur gravité et quelle que soit la juridiction qui les juge ; qu'il n'y a pas à distinguer, à cet égard, entre les faits que l'article 68 du Code pénal, réserve aux tribunaux correctionnels et ceux dont il attribue exclusivement la connaissance à la Cour d'assises comme emportant la peine de mort, des travaux forcés à perpétuité, de la déportation ou de la détention ; qu'en effet, la nature de la juridiction compétente n'a pas, dans notre législation criminelle, une influence nécessaire sur la qualification des infractions, qui est, aux termes de l'article 1er du Code pénal, déterminée par la nature des peines prononcées par la loi ; qu'il suit de là que, l'accusé étant âgé de moins de seize ans au moment où il a commis le fait dont il a été déclaré coupable par le jury, lequel fait n'est passible que de la peine correctionnelle de l'emprisonnement, c'est de la prescription de cinq ans qu'il doit bénéficier.

Attendu en fait que, condamné par contumace le 18 février 1886, l'accusé n'a été arrêté que le 22 février 1891, à une date par conséquent où la prescription de la peine était acquise, etc. (1).

Le procureur général près la Cour de Pau déféra cet arrêt à la Cour de cassation qui le cassa pour les motifs que nous avons indiqués plus haut. D'après cette der-

(1) Cass., 9 juillet 1891, S. 1891.1.432.

nière décision de la Cour suprême, la prescription applicable à notre matière serait la prescription de vingt ans (art. 635, C. Inst. crim.).

2° La loi du 27 mars 1885 sur les récidivistes dit qu'il faut compter les condamnations à l'emprisonnement pour faits qualifiés crimes. Si le fait excusé est devenu délit, on ne le compte pas pour la récidive.

3° Si le crime excusé reçoit en outre des circonstances atténuantes, il y a doute pour savoir de qui elles doivent dépendre; si le crime excusé reste un crime, cela dépend du jury ; s'il devient un délit, cela dépend de la Cour.

Signalons enfin un quatrième point de vue auquel la question peut présenter un intérêt.

4° Aux termes de l'article 420 du Code d'Instruction criminelle, les condamnés en matière criminelle sont dispensés de l'amende imposée par l'article 419 avant tout pourvoi en cassation. Pour l'application de cet article 420, on doit considérer comme matière criminelle celle qui est criminelle par la nature même de l'infraction objet de la décision attaquée, indépendamment de la juridiction d'où cette décision émane. De cette règle, la Cour de cassation a déduit que le mineur de seize ans reconnu coupable d'un crime, mais condamné seulement, à raison du défaut de discernement, à la détention dans une maison de correction, par une décision émanée de la juridiction correctionnelle, n'en doit pas moins être considéré comme condamné en matière criminelle, et dès lors être dispensé de toute consignation d'amende sur le pourvoi en cassation par lui formé (1). Dans notre théorie au contraire, le mi-

(1) Cass., 13 et 20 décembre 1866, S. 1867.1.101.

neur excusé ne serait pas dispensé de l'amende en vertu de l'article 420, alinéa 1, 1° ; il serait seulement dispensé de la consigner en vertu de l'article 420, alinéa 2, 1° ou 2°.

SECTION III. — *Y a-t-il lieu de modifier les règles de procédure pénale qui régissent les poursuites dirigées contre les enfants ?*

Nous avons vu qu'en principe la compétence relative aux crimes ou délits commis par des mineurs de seize ans était attribuée aux tribunaux correctionnels depuis la loi du 28 avril 1832.

Les réformes de 1824 et 1832 n'ont pas paru suffisantes à un grand nombre de criminalistes désireux d'assurer aux mineurs une juridiction plus paternelle et une publicité moins grande.

Depuis quelques années, l'idée de protection, de bienfaisance, se substitue peu à peu, pour l'enfance, à l'idée de répression ; et ce n'est que justice, car la pratique d'autrefois traitait avec une rigueur injuste des enfants qui n'avaient commis d'autre crime que d'être délaissés et misérables, alors que, s'ils eussent appartenu aux classes aisées de la société, la honte d'une comparution devant un tribunal correctionnel leur eût, à coup sûr, été épargnée. Un enfant riche commet un de ces petits délits qui amènent tant de malheureux devant la justice. S'il est arrêté, le parquet le fera remettre immédiatement à ses parents, car il sait que la correction paternelle sera suffisante pour faire rentrer dans l'ordre le jeune délinquant. Et cependant, combien cet enfant peut paraître plus coupable que le jeune vagabond sorti des bas-fonds sociaux, auquel toute éducation morale a manqué et autour duquel fourmillent les occasions de faillir. Il faudra souvent, il est vrai, le soustraire à son milieu pour le transplanter dans un terrain plus favorable. Mais il faut autant que possible, qu'il trouve sur ce nouveau terrain, non pas la prison que l'on épargne au riche, mais l'éducation paternelle qu'il ne connaît pas, et qui seule, avec sa fermeté bienveillante ou avec ses rigueurs tempérées, peut laver son passé et assurer son avenir.

Tel a été le point de vue des législations étrangères qui ont modifié récemment, en cette matière, les dispositions de leurs lois pénales. Elles ne se sont point embarrassées de ces questions insolubles de responsabilité et de discernement auxquelles on attache encore, chez nous, trop d'importance (1). Elles se sont simplement demandé : lorsqu'un enfant commet un fait qualifié crime ou délit par la loi pénale, un régime d'éducation et de redressement vaut-il mieux pour lui que la prison ? Sur ce point, à l'étranger comme en France, la réponse ne saurait être douteuse. La prison ne peut avoir sur les enfants aucune influence éducatrice. Le régime de l'emprisonnement individuel est dangereux pour leur raison et leur santé ; l'emprisonnement en commun, c'est la corruption fatale.

Les congrès de Stockholm, d'Anvers (1894) et de Paris (1895) ont successivement étudié la question et formulé des propositions à ce sujet.

Le congrès de Stockholm avait proposé que le placement des enfants vicieux dans les familles ou les établissements eût lieu autant que possible en évitant l'intervention judiciaire. Le congrès applaudissait aux efforts tentés en ce

(1) Jean Appleton, *De la fixation d'un âge d'irresponsabilité pénale*, 1894, p. 11 et 12.

sens par certaines législations pour substituer à l'action judiciaire l'intervention d'une autorité pupillaire créée à cet effet ; il approuvait notamment le système adopté par l'État de Massachussetts : « Quand un enfant est cité devant le juge, l'agent de l'État en est avisé et paraît pour l'enfant non comme son défenseur, mais comme un ami désintéressé qui vient prendre des informations sur ses antécédents comme sur ceux de ses parents. Il n'est pas rare, si les circonstances le permettent, que l'agent se porte garant de la comparution de l'enfant et qu'il l'emmène avec lui. La sentence reste alors suspendue, le coupable est ensuite ou restitué à sa famille ou mis en pension ailleurs pour un temps limité par l'agent. Entre temps, ce dernier le surveille et l'influence par des exhortations amicales. Quand l'enfant n'est pas incorrigible on le ramène ainsi à la bonne conduite sans grande dépense pour l'État et sans que son nom et celui de ses parents soient flétris. »

Sans doute ce système présente cet avantage considérable qu'il évite toute publicité et tout scandale ; mais si l'enfant est ainsi livré à la discrétion de l'administration, n'est-il pas à craindre que la liberté de cet enfant ne soit pas respectée ? « Il est contraire à tout principe, dit M. Dohet, qu'un citoyen, fût-ce un enfant, soit privé de sa liberté sans avoir été entendu et sans pouvoir réclamer. »

Si l'intervention judiciaire a l'inconvénient d'une solennelle publicité, elle porte avec elle et le sentiment du respect de la puissance paternelle et le sentiment de la protection due à l'enfance malheureuse ou coupable et le sentiment des devoirs qui lui incombent au point de vue de la sécurité publique ; elle a l'expérience des affaires délicates, elle seule est compétente pour qualifier les crimes et les délits que peuvent commettre les enfants, de même qu'elle seule est compétente pour qualifier les crimes et délits commis par les majeurs, enfin il y a en jeu une question de liberté individuelle.

Ne semble-t-il pas, dit M. Guillot, que la justice a plus qualité que tout autre, quand il s'agit de prescrire un internement de caractère pénitentiaire et hospitalier, souvent de longue durée : d'une part, parce que c'est un principe de devoir public, que la liberté individuelle est aussi respectable chez l'enfant que chez l'adulte, chez l'aliéné que chez l'homme raisonnable, et, d'autre part, l'instruction judiciaire n'a-t-elle pas des moyens plus efficaces de procéder à une enquête approfondie sur les faits, et sur la situation de l'enfant et de ses parents ?

On peut vouloir écarter les conséquences de l'intervention judiciaire qui peuvent être fâcheuses pour l'avenir des enfants, mais l'exclusion de cette autorité pourrait être détestable. Il y a des limites à poser comme l'a compris le congrès de Stockholm et il faut seulement chercher une meilleure organisation de l'intervention judiciaire (1).

La commission qui prépare la revision du Code pénal, s'est occupée de cette question en ce sens : elle propose d'exempter de toute poursuite correctionnelle le mineur de dix ans ; mais comme elle n'entend pas lui assurer l'impunité, elle le rend justiciable du Tribunal civil, auquel elle laisse le soin, à la requête du ministère public, de le placer dans un établissement d'éducation et de réforme, jusqu'à l'âge de vingt et un an au plus (art. 57 du projet) (2).

S'inspirant des idées qui ont suscité en Allemagne la

(1) Voisin, *Bulletin de la Commission pénitentiaire*, avril 1895.
(2) Guillot, *op. cit.*, p. 332.

création des tribunaux de tutelle, on a pensé que le Tribunal civil formerait une juridiction paternelle pour régler la question d'internement. Mais une difficulté s'élève alors pour savoir quelle est l'autorité qui aura compétence pour statuer sur la question de discernement : on a pensé à faire décider la question de discernement seule par le Tribunal civil, mais on a vite reconnu que cette question est intimement liée à la question d'application de la peine ; or soumettre une question de ce genre au Tribunal civil, c'est le faire sortir de ses attributions ordinaires. C'était donc approuver le bouleversement de tous les principes que de faire trancher la question de discernement par la juridiction civile pour réserver l'application de la peine à la juridiction criminelle ; ce système donnerait lieu à des conflits de juridiction défavorables. On peut supposer le cas où, le Tribunal civil ayant déclaré qu'un enfant a agi avec discernement, cet enfant comparaît ensuite devant le Tribunal correctionnel pour l'application de la peine, celui-ci déclare ne pas partager l'opinion des juges civils et décide que le mineur a agi sans discernement ; il faudrait alors renvoyer devant une juridiction supérieure ; ce serait une complication regrettable.

Il paraît infiniment plus simple et plus juste de maintenir la compétence complète du Tribunal correctionnel pour statuer sur l'application de la peine comme sur la question de discernement (1).

C'est là, croyons-nous, le système le plus rationnel mais l'inconvénient de la publicité subsiste (2).

(1) Dubois, *Bull. Comm. pénit.*

(2) La publicité a cependant certains avantages : la solennité impressionnera l'enfant, la présence du public peut éveiller des sympathies en sa faveur et il n'est pas sans exemple que des personnes charitables assistant

Pour y remédier, M. Bonjean, qui n'est partisan ni d'un juge civil ni d'un juge unique, demande que les enfants comparaissent un à un à huis clos (1) Cette proposition d'ailleurs n'est pas nouvelle.

Déjà, en 1832, la Commission de la Chambre des pairs avait proposé un amendement tendant à faire juger à huis clos, en Chambre du conseil, les enfants de moins de douze ans : « Si l'individu est âgé de moins de douze ans, la Chambre du conseil pourra ordonner sur le rapport du juge d'instruction, le ministère public entendu, que les débats auront lieu à huis clos, les parents du prévenu appelés. S'il n'est pas assisté d'un conseil, il lui en sera donné un d'office. Le jugement sera prononcé à l'audience publique, hors de la présence du prévenu. »

Cet amendement, dit Chauveau, n'aurait point sauvé l'enfant accusé de la contagion du vice qu'il reçoit dans les prisons où il subit sa détention préalable ; il ne l'eût point préservé de la flétrissure dont un jugement peut empreindre sa jeune imagination, et en lui ôtant les garanties de la publicité de l'audience, il n'aurait point empêché la publicité du jugement.

Il fut d'ailleurs rejeté parce qu'il portait atteinte au principe de la publicité des débats en matière criminelle.

Au Congrès international d'Anvers de 1894, la 1re section qui s'occupait des questions relatives à la protection de l'enfance proposa comme quatrième question la question suivante : Quelles sont, en matière de procédure penale, les règles à suivre dans les poursuites dirigées contre les enfants ?

à une audience correctionnelle aient sollicité et obtenu du président la faveur de recevoir l'enfant et de se charger de son éducation.

(1) *Bull. Comm. pénit. intern.*, avril 1895.

Au Congrès, M. Flandin, vice-président au tribunal civil de la Seine, chargé d'un rapport sur cette question, indique le projet de soustraire à la publicité de l'audience correctionnelle les affaires concernant les enfants et de les juger en Chambre du conseil.

Au mois de mai 1893, le premier Congrès national du Patronage des libérés, tenu à Paris, a étudié cette question, dit M. Flandin, et l'avis unanime a été que, dans un intérêt social et de haute convenance, on devait épargner à un enfant, souvent reconnu comme étant irresponsable, le fâcheux souvenir d'une comparution sur le banc des délinquants de droit commun.

Le Congrès a décidé qu'en France, pour les débats des affaires de cette nature, la substitution de la Chambre du conseil du tribunal correctionnel à l'audience publique de ce même tribunal devait être une réforme présentée et demandée aux pouvoirs publics.

M. Flandin ajoutait : « La question a de l'intérêt et elle n'a, jusqu'à présent, rencontré que l'unanimité des opinions dans le sens que j'ai indiqué » (1).

M. Flandin terminait son rapport en proposant l'adoption de la proposition suivante à ce sujet :

Dans les pays où existe la procédure rapide dite des *flagrants délits*, toutes les poursuites retenues par l'autorité judiciaire et concernant des enfants, garçons ou filles, âgés de moins de seize ans, ne doivent jamais être instruites ni jugées *en flagrant délit*.

Toutes les poursuites doivent être, d'office, l'objet d'une information confiée au juge d'instruction.

Les poursuites concernant les mineurs au-dessous de

(1) Rapport de M. Flandin sur la 4e question, 1re section, p. 13 et 14.

seize ans renvoyés devant le tribunal correctionnel, ne devraient plus être jugées en *audience publique*, mais en *Chambre du conseil*, à huis clos (1).

M. Levoz, substitut du Procureur du Roi à Verviers, exprima au contraire l'avis qu'il fallait traduire les enfants en justice publiquement. « En agissant autrement, disait M. Levoz, on supprime les garanties accordées aux inculpés adultes, notamment les débats publics à l'audience. Ne l'oublions pas, il peut s'agir d'une affaire grave et y avoir des raisons puissantes pour charger un enfant innocent et ainsi faire échapper le vrai coupable. D'ailleurs, répétons-le, la simple comparution à l'audience ne peut entacher l'avenir de l'enfant. Il ne sera pas fait mention de la décision qui interviendra au casier judiciaire et, si l'on craint que le jeune inculpé soit exposé aux regards du public, le tribunal pourra toujours prononcer le huis clos (art. 96 de la Constitution belge) (2).

M. Fernand Thiry, professeur de droit criminel à l'Université de Liège, chargé d'un rapport sur la même question, demandait aussi la comparution devant le tribunal, mais seulement dans le cas où l'enfant ne pouvait être laissé à sa famille ; dans ce cas, il repoussait la compétence de la Chambre du conseil et *a fortiori* celle du président du tribunal, proposée par M. le substitut de Hoon dans son ouvrage sur l'enfance coupable : « Dans l'hypothèse où la Chambre du conseil ne croirait pas que l'enfant peut être laissé à sa famille, elle le renverrait devant le tribunal correctionnel, lequel aurait à examiner la question de la mise à la disposition du gouvernement.

« On nous demandera peut-être, ajoutait M. Thiry, pour-

(1) Flandin, rapport, p. 151.
(2) Rapport de M. Levoz, p. 16.

quoi nous ne chargeons pas la Chambre du conseil de prononcer la mise à la disposition du gouvernement comme elle prononce le maintien de l'inculpé dans sa famille ; cette mesure aurait le grand avantage d'écarter la comparution devant le tribunal et d'éviter le dédoublement de la procédure. Nous avouons que le système nous séduit beaucoup : nous en avons parlé à d'éminents magistrats de Liège qui l'approuvaient ; malheureusement il nous inspire une crainte ; la mise à la disposition du gouvernement est toujours grave, parce qu'elle constitue une atteinte à l'exercice de la puissance paternelle ; aussi pensons-nous qu'elle ne doit pas être prononcée sans un débat public. C'est pour cette raison sans doute que le projet de loi charge le tribunal de police de statuer sur la mesure susdite ; si nous choisissons plutôt le tribunal correctionnel, c'est un peu pour conserver l'harmonie de notre procédure et surtout pour donner, dans les cas graves, une autorité plus considérable à la décision qui doit être prise (1). »

D'autre part, M. Thiry nous indiquait une réforme que la législation belge était sur le point de subir et qui augmentait les pouvoirs de la Chambre du conseil dans sa mission d'instruction.

« Aujourd'hui la Chambre du conseil peut rendre, en ce qui concerne un enfant, une ordonnance de non-lieu, en la basant sur l'insuffisance des charges ou sur l'absence de faits ayant un caractère délictueux (art. 128), mais il lui est interdit de prononcer une décision semblable en invoquant le défaut de discernement. En agissant de la sorte, en effet, elle empiéterait sur la compétence du tribunal correctionnel, non pas précisément parce qu'elle

(1) Thiry, Rapport sur 4e question, 1re section, p. 15.

statuerait sur une question d'imputabilité, ce qui rentre très bien dans son rôle, mais parce qu'elle déciderait d'une manière implicite qu'il n'y a pas lieu de prononcer la mise à la disposition du gouvernement, question que le tribunal seul peut résoudre et dont, par conséquent, il doit absolument être saisi.

L'article 20 du projet de loi pour la protection de l'enfance modifie cette situation : « s'il apparaît dans l'instruction préparatoire, dit ce texte, que l'enfant, qui n'aurait pas atteint l'âge de seize ans accomplis au moment du fait, a agi sans discernement, une ordonnance de non-lieu sera rendue (1). »

Mais ce qui nous apparaît plus clairement dans les rapports de MM. Levoz et Thiry au Congrès d'Anvers de 1894, c'est que désormais le législateur belge se préoccupe uniquement de réformer l'éducation et la moralité des enfants coupables et non plus de les punir.

Il est évident, disait M. Thiry, que la pénalité est loin de posséder une puissance suffisamment grande pour qu'on l'envisage comme la panacée unique de la criminalité. D'autres moyens, *substitutifs pénaux* selon l'expression de Ferri, doivent être employés dans le même but, et nous ajouterons que ces moyens doivent toujours, en considération des inconvénients énormes de la répression, être pratiqués en premier lieu.

« Cette observation doit surtout recevoir son application en ce qui concerne les jeunes délinquants. D'abord la peine est plus pernicieuse pour les enfants que pour les adultes, puisqu'elle est de nature à les démoraliser, à les flétrir et à les décourager au début même et pour toute la

(1) Rapport de M. Thiry sur la 4e section, 1re section du Congrès d'Anvers, 1894, p. 14.

durée de leur existence. Ensuite la société dispose, à l'égard des enfants, d'un moyen de défense spécial, beaucoup plus propre que la peine à empêcher les actes délictueux qu'ils seraient enclins à commettre ; ce moyen, c'est l'éducation. Tandis qu'on ne peut imposer des mesures d'éducation à un adulte qu'en allant à l'encontre de sa liberté juridique, donc en le punissant, l'enfant s'y trouve tout naturellement soumis par le fait même de sa minorité (1). »

Si un enfant s'est rendu coupable d'une infraction, que l'Etat, au lieu d'appliquer des mesures répressives toujours dangereuses par la contamination qu'elles entraînent, emploie les moyens nécessaires pour qu'un changement d'éducation vienne empêcher la récidive en corrigeant l'auteur du délit.

M. Levoz concluait en formulant, parmi les résolutions qu'il proposait au Congrès, les règles suivantes : ...VI. Tout enfant âgé de moins de seize ans qui aura commis un fait tombant sous l'application de la loi pénale ou dont la conduite ou la moralité laisserait vraiment à désirer, pourra, à la demande ou avec l'assentiment du père ou de la personne sous l'autorité de laquelle il se trouve, être mis à la disposition du gouvernement par une ordonnance rendue par le président du tribunal de première instance.

L'intervention de la famille ne sera pas requise quand il s'agira d'un fait qualifié crime ou tentative de crime par la loi.

VIII. Lorsqu'un mineur âgé de moins de seize ans accomplis comparaîtra devant un tribunal répressif, le juge examinera si le fait qui lui est reproché est ou non

(1) Rapport de M. Thiry, p. 2.

établi. Dans la négative, il sera renvoyé des poursuites par un jugement établissant formellement son innocence. Dans l'affirmative il sera admonesté et remis à sa famille, si celle-ci présente des garanties suffisantes, ou bien il sera mis à la disposition du gouvernement.

Remarquons qu'en Belgique la comparution du mineur de moins de seize ans devant la Cour d'assises ne se présentera pour ainsi dire jamais. Nous avons admis en effet que le président du tribunal peut l'empêcher en remettant le jeune accusé aux soins du gouvernement. Elle ne pourrait se rencontrer que si les charges recueillies n'établissaient pas la culpabilité d'une façon indiscutable et si le président déclarait ne pas être suffisamment éclairé pour rendre son ordonnance.

D'autre part le projet de loi sur la protection de l'enfance ne permet de mettre en jugement un inculpé de moins de seize ans, sauf devant le tribunal de police, « qu'en vertu d'une ordonnance de la Chambre du conseil ou de la Chambre d'accusation ».

XII. La mise à la disposition du gouvernement ne sera pas considérée comme une peine, mais bien comme une mesure de protection prise dans l'intérêt du mineur ; elle subsistera jusqu'à la majorité civile de celui-ci. Les décisions rendues en cette matière seront susceptibles d'être portées en appel soit par le ministère public, soit par ceux sous l'autorité desquels celui-ci se trouve (1).

Ce n'est pas la publicité de l'audience qui offre le plus grand danger et il importe peu de l'écarter ; la réforme la plus nécessaire consiste à éviter aux enfants la promiscuité d'autres enfants plus pervertis soit pendant l'ins-

(1) Rapport de M. Levoz, p. 24. Congrès d'Anvers, 1894.

truction, soit pendant le temps de leur correction. C'est vers ce but que paraissent avoir porté tous les efforts.

M. de Chauveron, avocat à la Cour d'appel de Paris, exposa au Congrès en d'excellents termes, la pratique parisienne en ce qui concerne le placement des jeunes prévenus à l'hospice Denfert, mais n'insista peut-être pas assez sur ce fait qu'on n'envoie à cet établissement que les enfants non vicieux, pour lesquels le régime en commun de l'hospice n'offre aucun danger ni pour eux ni pour leurs camarades.

L'Assistance publique, en effet, d'accord avec les juges d'instruction, reçoit, dans son grand hospice des Enfants assistés, pendant toute la durée de l'instruction, les enfants qui paraissent dignes d'intérêt.

Cet intéressant essai est dû à l'entente du Conseil général avec les juges d'instruction ; il marque, dit M. Guillot, une évolution importante dans la protection des enfants traduits en justice (1).

C'est au commencement de 1893 que des membres du Conseil général de la Seine ayant eu l'occasion d'entendre des magistrats se plaindre de ne pas avoir à leur disposition un asile d'une hospitalité moins dure que celle de la Petite Roquette pour y maintenir pendant la durée de l'instruction les enfants dignes d'un intérêt particulier et dont cependant la famille inspire trop de défiance pour qu'on puisse les lui remettre, voulurent bien, avec un empressement généreux, offrir à la Justice de les recevoir de ses mains à titre temporaire dans une partie de l'hospice de la rue Denfert-Rochereau (2).

(1) Guillot, *op. cit.*, p. 333.

(2) *Rapport général* présenté au Conseil général de la Seine sur le service des enfants moralement abandonnés en 1895, par M. Rousselle, conseiller général, président de la commission de l'Assistance publique.

L'empressement fut si grand des deux côtés dans cette œuvre de bienfaisance qu'au bout de quelques semaines l'asile était ouvert : inauguré au commencement de 1893, on y avait reçu dans l'anné 281 enfants et, sur ce nombre, 19 seulement se montrèrent trop profondément pervertis pour etre l'objet de mesures hospitalières et ils durent retourner à la Petite Roquette (1).

L'Administration, d'accord avec le juge, tient l'enfant en observation pendant un temps plus ou moins long, mais qui n'excède pas un mois et fait ensuite connaître son appréciation. Supposons-la favorable au jeune enfant que nous étudions ; la première impression du juge n'a pas été démentie : ce n'est pas un de ces mauvais sujets, contre lesquels toute autorité se brise ; si on le change de milieu, si on parvient à lui faire une nouvelle famille, il reprendra comme ces jeunes arbres tordus et débiles qui se redressent et grandissent dès qu'on les enlève au sol trop pauvre pour les nourrir ou aux vents trop violents pour leur faiblesse.

Dès que le juge est prévenu que l'Assistance est satisfaite de l'enfant et qu'elle est disposée à le recueillir définitivement, il examine si cette proposition, qui ne le lie en aucune façon et lui laisse toute liberté de prendre un autre parti, est conforme aux intérêts de l'enfant, son protégé plutôt que son justiciable ; s'il est de cet avis, il rend une ordonnance de non-lieu ; son rôle est terminé, celui de l'Administration commence (2).

A la suite de ces communications et des rapports de MM. Levoz, Thiry et Flandin, le Congrès international

(1) Guillot, *op. cit.*, p. 333.
(2) Guillot, *op. cit.*, p. 335.

formula, en réponse à la quatrième question de la première section, le vœu suivant :

1° Les règles à suivre, en matière de procédure pénale, dans les poursuites dirigées contre les enfants doivent avoir pour but, non de les punir, mais de les protéger et de les amender.

2° Le choix des mesures à prononcer vis-à-vis des enfants coupables d'infractions, autres que les contraventions de police, réclame un examen psychologique approfondi, effectué à l'aide d'une instruction préparatoire.

3° Cette instruction doit être dirigée par le ministère public et le juge d'instruction ; un défenseur choisi par les parents ou nommé d'office, ainsi qu'un représentant du Comité de patronage de l'arrondissement, doivent y être convoqués et y apporter leur collaboration.

4° La Chambre du conseil, ou le juge d'instruction dans les pays où elle n'existe pas, renvoie le jeune délinquant devant la juridiction répressive compétente, lorsqu'il est présumé coupable d'une des infractions pour lesquelles la loi le déclare exceptionnellement passible d'une peine proprement dite.

5° En dehors de ces cas, la Chambre du conseil ou le juge d'instruction résout la question de savoir s'il y a lieu ou non de laisser l'enfant sous la surveillance de ses parents ou de son tuteur.

6° Dans l'affirmative, la juridiction susdite aura le droit d'adresser une admonition à l'enfant et aux parents, d'ordonner la restitution des choses provenant du délit et d'exiger le remboursement des frais de justice.

7° Dans la négative, elle opte entre le placement en famille et l'internement dans une école de bienfaisance et peut statuer sur la question des dommages et intérêts.

8° La procédure devant le juge d'instruction et la Chambre du conseil est extraordinaire, sans être publique. La procédure devant le tribunal correctionnel est publique et contradictoire.

9° La mise à la disposition du gouvernement doit pouvoir être prononcée d'une manière conditionnelle.

10° L'enlèvement de l'enfant aux parents, quand il est ordonné, doit être exécuté sans retard et les comités de patronage peuvent, en cas de nécessité, être chargés provisoirement de la garde de l'enfant.

11° Il y a lieu de préconiser la création de comités de défense dont le but sera, par une entente entre la magistrature et les œuvres de patronage, d'assurer d'une façon efficace le principe de la présente procédure : protection et amendement.

12° Les enfants qui doivent être privés de leur liberté préalablement aux mesures définitives à prendre à leur égard, seront recueillis, par voie de protection préventive, ailleurs que dans une prison (1).

Le principe de l'intervention de l'autorité judiciaire a été d'autre part affirmé au Congrès international de Paris en 1895.

Le V° Congrès pénitentiaire international réuni à Paris en 1895 avait posé comme quatrième question dans la section IV (questions relatives à l'enfance et aux mineurs) la question suivante :

Par quelle autorité doit-il être statué sur le sort des enfants coupables de fautes ou d'infractions ?

Le Congrès répondit qu'il appartient à l'autorité judiciaire de décider si l'enfant sera remis à la tutelle admi-

(1) Tous ces principes avaient déjà été proclamés depuis longtemps par le comité de défense de Paris.

nistrative. Le choix du régime et, s'il y a lieu, le changement à y apporter appartiendront à l'autorité chargée de l'éducation de l'enfant.

En somme, de toute cette discussion, il résulte que la compétence du Tribunal correctionnel peut être maintenue sans danger, même avec la publicité qui lui est propre et la faculté de prononcer le huis clos si c'est nécessaire, mais ce qu'il faut à tout prix, c'est réformer l'éducation de ces enfants et, pour réussir dans cette tâche difficile, écarter de l'enfant tout contact dangereux, lui éviter le séjour au dépôt et dans les prisons où il trouverait les exemples les plus néfastes et les conseils les plus pernicieux.

Ainsi que le fait très justement remarquer M. Appleton: « Quelque parti qu'on prenne d'ailleurs, sur la question de compétence, la réforme qu'on propose appelle celle du régime de correction auquel sont soumis les mineurs. La maison de correction, en effet, ne convient pas à tous. Si la règle inflexible est nécessaire pour redresser les natures vicieuses, une direction plus douce suffira pour ramener au bien les égarés d'un instant, les abandonnés plus malheureux que coupables. Pour les uns, toute la sévérité des règlements pénitentiaires ; pour les autres, un régime plus familial, un système d'éducation paternelle. Il faut donc que les magistrats puissent faire au grand jour ce qu'ils font déjà officieusement aujourd'hui : il faut que la loi leur donne le droit, lorsque l'examen des faits et des antécédents ne relève pas chez l'enfant une véritable perversité, de confier la garde du jeune prévenu, soit à l'assistance publique, soit à un établissement privé de nature hospitalière, soit enfin à une famille honorable qui en prendrait soin sous la surveillance de l'autorité. Ils pourront ainsi soustraire l'enfant aux influences pernicieuses de son milieu, sans le soumettre aux rigueurs de la discipline pénitentiaire (1).

TITRE II

Question du discernement.

« Pour déterminer l'influence que peut avoir l'âge de l'individu qui n'a pas accompli sa seizième année, disait M. Riboud dans son rapport au Corps législatif, il est nécessaire de faire une distinction admise dans le Code de 1791 et conservée dans celui de 1810 ; elle a pour objet de vérifier s'il a agi avec discernement ou non. »

Nous savons en effet qu'en dehors de son élément légal et de son élément matériel, l'élément moral est un élément essentiel des délits. Il ne suffit pas qu'il y ait eu violation de la loi pénale : il faut, pour que cette violation constitue un délit et soit punissable, qu'elle soit l'œuvre d'un agent responsable, c'est-à-dire doué d'intelligence et de liberté (2).

Or le mineur n'a pas toujours une intelligence suffisante des conséquences de ses actes pour être déclaré responsable, le juge aura donc à rechercher si l'intelligence de l'agent permet d'établir son imputabilité ; mais, comme le moment précis où s'éveille le sens moral est un fait mystérieux, souvent insaisissable, toujours difficile à établir, dont la détermination ne pouvait être laissée à la seule

(1) Appleton, p. 8.

(2) Jarno, *Droit pénal*, article inséré dans les *Institutions pénitentiaires de la France*, 1895, p. 33.

appréciation des juges (1), nous avons vu que la loi avait établi au profit des mineurs de seize ans une présomption d'irresponsabilité qu'il faut écarter si l'on veut imputer à un mineur un fait délictueux par lui commis.

A cet effet, la loi prescrit de poser au jury, appelé à statuer sur un crime commis par un mineur de seize ans, une double question : 1° la question de culpabilité conformément à l'article 337 du Code d'instruction criminelle : « L'accusé est-il coupable d'avoir commis tel meurtre, tel vol ou tel autre crime, avec toutes les circonstances comprises dans le résumé de l'acte d'accusation ? »

2° Une question spéciale qui vient après la question de culpabilité. Aux termes de l'article 340 du Code d'instruction criminelle : « si l'accusé a moins de seize ans, le président posera, à peine de nullité, cette question : l'accusé a-t-il agi avec discernement ? »

Si le jury répond négativement à la première question, la question de savoir si l'accusé est coupable, il n'a pas à résoudre la seconde, la question de discernement.

Si la première est résolue affirmativement, il répond à la deuxième, soit affirmativement, soit négativement (2).

Nous étudierons, dans le titre III, les conséquences de la déclaration que le mineur a agi sans discernement, et, dans le titre IV, les conséquences de la déclaration que le mineur a agi avec discernement ; ici, nous étudierons spécialement la question du discernement.

Nous diviserons notre titre en deux sections :

Section I. — Qu'est-ce que le discernement ?

Section II. — La question de discernement se pose-t-elle

(1) Glasson, *Éléments du droit français*, II, p. 457.
(2) Villey, *Précis d'un cours de droit criminel*, 5e édition, p. 103.

à l'égard de tous les faits punissables, crimes, délits ou contraventions ?

SECTION I. — *Qu'est-ce que le discernement ?*

Dans notre législation, cette expression est technique pour le mineur de seize ans et, dit M. Ortolan, elle est parfaitement appropriée au jeune âge, car « l'expression de discernement suppose dans la personne de l'agent la lumière naissante des facultés morales : on se demande si cette lumière a été suffisante pour que l'agent ait discerné, ait vu clairement le juste ou l'injuste de ses actes (1) ».

Mais que devons-nous entendre exactement par discernement ?

« La loi, dit M. Guillot, s'est tirée de la difficulté philosophique qu'il y a à le définir en ne le définissant pas. » Cependant la question est obscure et complexe ; nous allons tâcher de déterminer le véritable sens de ce mot.

Devons-nous voir dans l'absence de discernement l'absence de raison ? Nous ne le pensons pas. « Quand un inculpé, qu'il soit enfant ou homme fait, est en état de démence ou d'idiotisme, aucune responsabilité pénale ne peut exister pour lui et, sur les rapports des médecins, il est mis à la disposition de l'administration qui, en vertu des dispositions de la loi de 1836, le fait, sans jugement, interner dans une maison de santé. L'absence de discernement ne doit donc pas être confondue avec la maladie mentale (2). »

Faut-il entendre par le non-discernement la méconnaissance complète de ce qui est licite et de ce qui est dé-

(1) Ortolan, I, n° 209, p. 128.
(2) Guillot, p. 348 et 349.

fendu? Un esprit frappé d'un tel aveuglement, répond M. Guillot, ressemblerait à s'y méprendre à celui d'un aliéné, or la plupart des enfants qui comparaissent devant les tribunaux correctionnels, surtout dans les villes où une sorte de surchauffage amène le développement précoce, sont fort intelligents : le Code pénal avec ses sévérités et ses indulgences n'a pas de mystère pour eux.

Sous une autre forme, M. Appleton exprime la même idée : veut-on parler du discernement juridique, de celui qui consiste à savoir qu'il y a des gendarmes et des prisons, que tel fait amène une arrestation ? L'enfant acquiert ce discernement là beaucoup plus rapidement qu'on ne le pense. Dans le milieu où se recrutent les jeunes délinquants, ces choses-là se savent vite. Dès l'âge le plus tendre, l'enfant en est instruit par la triste et précoce expérience que lui donnent les exemples qu'il a sous les yeux, les conversations quotidiennes qu'il entend, parfois même les souvenirs de son histoire personnelle. Si l'on lie les deux questions de pénalité et de discernement juridique (1), beaucoup d'enfants devront encourir les rigueurs de la loi pénale.

Devons-nous entendre au contraire par discernement le discernement moral, celui qui consiste à distinguer, au point de vue de la conscience, le bien du mal ? M. Appleton croit pouvoir affirmer que, dans l'immense majorité des cas, l'enfant qui commet un délit ne l'a jamais. Pour distinguer le bien du mal, pour comprendre qu'il y a une vie honnête et une autre qui ne l'est pas, il faut pouvoir faire la comparaison. Or, dans les milieux où vivent les jeunes délinquants, cette comparaison est impossible.

(1) Appleton, p. 10.

N'ayant jamais eu que le mal sous les yeux, ils ne peuvent pas distinguer le bien du mal. Si donc on ne déclare punissables que les enfants qui possèdent le discernement moral, c'est à peine si, dans quelques très rares hypothèses, les tribunaux correctionnels pourront condamner des enfants (1).

On le voit, la distinction de notre Code pénal entre les enfants ayant agi avec ou sans discernement est pleine de subtilité et difficile à établir.

Pour nous, nous croyons que le discernement consiste pour le mineur dans la capacité d'apprécier les conséquences matérielles de l'acte qu'il commet et sa portée sociale.

L'enfant ignore en effet le plus souvent les conséquences même immédiates de la mauvaise action qu'il commet ; l'enfant qui incendie, qui tue, qui tente de faire dérailler un train sait très bien qu'il fait mal ; rarement il obéit à un mouvement impulsif ; souvent il agit après des hésitations, il prend des précautions pour n'être pas vu et mentira s'il est surpris, c'est donc qu'il reconnaît agir mal et qu'il a conscience de ce mal, mais il est souvent effrayé ensuite des conséquences qui résultent de cet acte et qu'il n'avait nullement prévues.

D'autre part, si la conscience qu'il agit mal est certaine, s'il agit mal parce qu'il le veut, en parfaite liberté d'action, il y a souvent disproportion entre le motif qui détermine un enfant à faire un acte et l'effet qui en résulte. Un enfant qui avait frappé d'un coup de couteau un de ses camarades répondait à ceux qui lui demandaient le motif de cette action qu'il était heureux quand il se vengeait ; un autre qui avait tenté de faire dérailler un train disait

(1) Appleton, p. 10.

qu'ayant vu dans un journal illustré la représentation d'un accident, il avait voulu en voir un de ses yeux.

Dans tous ces cas, l'enfant savait qu'il agissait mal, mais ne se rendait pas compte des terribles conséquences qui résulteraient de son action, et il en est ainsi le plus souvent : l'enfance a une conscience presque aussi nette que celle de l'adulte, c'est l'expérience qui lui fait défaut.

Or ainsi que le dit M. Ortolan, on ne doit pas perdre de vue que ce qu'il faut trouver chez l'agent pour être autorisé à le déclarer coupable, ce n'est pas telle faculté de l'intelligence, mais bien la faculté la plus haute, la raison morale, la conception du juste et de l'injuste, que cette faculté elle-même suit des gradations et se présente avec des nuances successives dans son développement : tel, en effet, apercevra déjà la violation de droit qui existe dans les violences contre les personnes, qui n'appréciera pas encore aussi nettement celle contenue dans les atteintes à la propriété, moins encore celle des atteintes contre la foi publique, fausse monnaie, faux billets de banque et les divers genres de faux ; en dernier lieu, enfin, celles qui tiennent plus intimement à l'organisation générale de l'état social, aux droits et aux devoirs politiques. D'où il suit que ce qu'il faut pour constituer la culpabilité, c'est la conception du juste et de l'injuste, non pas en général, mais spécialement, dans le fait particulier objet de la poursuite : voilà ce qui est compris dans le mot de discernement ; et la question doit être résolue, non pas sur un indice isolé, sur une épreuve après coup, mais par tout l'ensemble des faits et de l'étude de l'agent, d'après une conviction consciencieuse : le doute doit profiter à l'inculpé (1).

(1) Ortolan, I, n° 289, p. 124 et 125.

Ainsi entendue, la question de discernement n'est au fond que la question de culpabilité, a-t-on dit.

Mais il est à remarquer qu'ici la loi oblige le juge criminel à examiner séparément la question de culpabilité et la question de discernement.

Un individu qui a dépassé l'âge de seize ans peut aussi ne pas posséder le discernement complet de ses actes, mais, à la différence de ce qui se passe pour un mineur de seize ans, la question spéciale de discernement ne sera pas posée à l'occasion des infractions commises par cet individu, elle rentrera dans la question unique et complexe de culpabilité.

Pour le mineur de seize ans au contraire, la loi a séparé les deux éléments de la responsabilité pénale, ordinairement confondus dans la question de culpabilité, la volonté de commettre l'infraction et la conscience des conséquences de l'illégalité du fait qui le constitue et elle a exigé que les deux éléments soient examinés dans deux questions distinctes. Cette exigence se justifie très bien, car, suivant la judicieuse observation de M. Glasson, « il est possible que l'accusé soit coupable, qu'il ait agi avec une intention criminelle, mais qu'il ne se soit cependant pas rendu compte de toute l'étendue de son forfait : il a su qu'il faisait mal, mais il n'a pas su combien il faisait mal » (1).

La question de culpabilité a pour but de demander si le fait a été matériellement commis, si l'accusé en est l'auteur, s'il a eu l'intention de le commettre ; la question de discernement a pour but de demander si l'accusé a compris quelles pouvaient être les conséquences de son acte et s'il a agi avec l'appréciation exacte de la gravité du fait qu'il commettait.

(1) Glasson, *Éléments du droit français*, II, p. 458.

Nous concluons donc en disant que le discernement est la capacité d'apprécier les conséquences matérielles d'un acte et sa portée sociale.

SECTION II. — *La question de discernement doit-elle être posée à l'égard de tous les faits punissables, crimes, délits ou contraventions ?*

De ce que le discernement est la capacité d'apprécier les conséquences matérielles d'un acte et sa portée sociale, il en résulte que la question de discernement est une question d'imputabilité.

« Il faut en conclure, dit M. Garraud, que l'obligation de l'examiner et de la résoudre, comme l'obligation d'examiner et de résoudre la question de culpabilité s'impose à toute *juridiction de jugement* et que la preuve que cet examen a été fait doit résulter des motifs des arrêts et jugements (1). Les juridictions d'instruction au contraire n'ont pas à l'examiner parce que le renvoi de la poursuite résultant de l'absence de discernement n'est pas pur et simple, et que les articles 66 et 68 paraissent n'autoriser que les juridictions de jugement à l'envoi en correction du mineur acquitté (2).

La Cour de cassation a fréquemment consacré ces principes pour les diverses juridictions.

Pour savoir si la question de discernement doit être posée à l'occasion de tous les faits punissables, crimes, délits ou contraventions, nous allons examiner successive-

(1) Son omission entraînerait cassation de la sentence pour fausse application des articles 66 du Code pénal et 340 du Code d'instruction criminelle. Garraud, *Traité*, I, n° 203, p. 320.

(2) Garraud, *Précis*, p. 141 et note 1.

ment le mineur de seize ans poursuivi devant la Cour d'assises, devant le tribunal correctionnel, devant le tribunal de simple police, devant une juridiction exceptionnelle.

Nous diviserons cette section en 4 paragraphes :

§ 1. Le mineur est traduit devant la Cour d'assises.

§ 2. Le mineur comparaît en police correctionnelle.

§ 3. Le mineur comparaît devant le tribunal correctionnel.

§ 4. Le mineur est jugé par un tribunal d'exception.

§ 1. — Le mineur est traduit devant la Cour d'assises.

Aux termes de l'article 337 du Code d'instruction criminelle, la question résultant de l'acte d'accusation sera posée en ces termes : « L'accusé est-il coupable d'avoir commis tel meurtre, tel ou tel autre crime, avec toutes les circonstances comprises dans le résumé de l'acte d'accusation ? »

D'après l'article 340 du Code d'instruction criminelle, si l'accusé a moins de seize ans, le président doit poser, à peine de nullité, cette question : « L'accusé a-t-il agi avec discernement ? »

M. Garraud fait observer que l'article 340 du Code d'instruction criminelle, rectifie à ce point de vue ce qu'a d'inexact la formule dont s'est servi le Code pénal. « L'article 66 du Code pénal conduirait à penser, dit-il, que la question qui se pose, lorsque le mineur est traduit devant les tribunaux, est de savoir s'il a agi avec discernement. La présomption serait, en quelque sorte, retournée, et, en cas de partage des jurés, la présomption de discernement se trouverait subsister. Mais l'article 67 s'exprime autrement que l'article 66 du Code pénal et l'article 340 du Code d'instruction criminelle, ne laisse aucun doute sur la formule exacte de la question. Le mineur est bien protégé par une présomption d'irresponsabilité. Si donc le jury est divisé sur la question, le partage équivaudra à une réponse négative. L'article 347 du Code d'instruction criminelle enlève du reste à l'observation son intérêt pratique en disant que la décision du jury contre l'accusé se forme à la majorité. Il importait néanmoins de bien rétablir la véritable pensée de la loi qui est de créer, au profit du mineur de seize ans, une présomption de non-discernement (1).

Dans ce but, la loi a exigé qu'il soit posé deux questions séparées, l'une sur la culpabilité, l'autre sur le discernement, et l'article 340 exige, à peine de nullité, que la question de discernement soit posée. C'est la loi du 28 avril 1832 qui a ajouté à l'article ces mots : *à peine de nullité* ; cependant, disent MM. Chauveau et Faustin Hélie, il n'y avait point ici d'abus à réprimer : la Cour de cassation avait plusieurs fois annulé des arrêts par cela seul qu'ils avaient omis de mentionner la position de cette question (2).

Rappelons que souvent il y aura lieu de poser une question distincte pour l'âge (3), en sorte que le président aura à poser trois questions : 1° une question de culpabilité que le jury résoudra en examinant si l'accusé a commis le fait qui lui est imputé ; 2° une question sur le point de savoir si l'accusé est âgé de moins de seize ans, que le jury résoudra en examinant les actes de l'état civil ou de

(1) Garraud, *Traité*, I, p. 329, note 1.
(2) Chauveau et Faustin Hélie, I, 332, p. 495.
(3) La Cour de cassation, par arrêt du 18 avril 1836, a cassé un arrêt où une seule question avait été posée.

notoriété qui lui seront présentés et, dans le cas de doute, en interprétant le doute en faveur de l'accusé ; 2° la question de discernement, que le jury résoudra en examinant si l'accusé a apprécié exactement la gravité du fait qu'il commettait, s'il s'est rendu compte de la nature et de la portée de son action, si sa volonté était intelligente, question dont la solution varie nécessairement suivant les circonstances de la cause.

Par suite, dans le cas où un mineur de seize ans serait accusé de plusieurs crimes il y aurait nécessité de poser au jury autant de questions distinctes et séparées sur le discernement qu'il y a de chefs d'accusation : la position d'une seule question de discernement serait nulle pour vice de complexité (1). Le discernement en effet n'est pas quelque chose d'absolu, il doit être examiné et apprécié pour chaque fait reproché à l'accusé alors même qu'ils se seraient passés à la même époque, alors même qu'ils seraient connexes les uns aux autres parce que la maturité morale peut exister pour certains délits et ne pas exister pour d'autres (2).

C'est ce que la Cour de cassation a jugé par arrêt du 9 février 1854 (3) pour les motifs suivants : Vu les articles 340, 345 du Code d'instruction criminelle ; les articles 1, 2 et 3 de la loi du 13 mai 1836 ; attendu, en fait, que la demanderesse en cassation, âgée de moins de seize ans, a été renvoyée devant la Cour d'assises comme accusée de quatre crimes distincts d'incendie ; attendu que le président de la Cour d'assises a posé des questions dis-

(1) Chauveau et Faustin Hélie, I, 332.

(2) Garraud, *Traité*, I, n° 208, v. p. 311.

(3) *Bulletin des arrêts de la Cour de cassation*, p. 64, n° 30 ; Dalloz, 1854.1.88.

tinctes pour chaque fait principal et pour chacune des circonstances aggravantes qui s'y rattacheraient, mais qu'il n'a posé qu'une seule question de discernement commune à tous les chefs d'accusation ; attendu que, dans toute accusation portée contre un mineur de seize ans, le jury doit toujours être interrogé spécialement et distinctement sur la question de savoir si l'accusé a agi avec discernement ; attendu que, conformément à l'article 66 du Code pénal, cette question résolue négativement enlève au fait principal son caractère de criminalité et entraîne l'acquittement de l'accusé ; que le discernement est donc un des éléments essentiels de la culpabilité légale, et, par suite, une partie substantielle de l'accusation sur chacun des crimes qui en font l'objet ; attendu que des solutions différentes sur la question de discernement peuvent être motivées par des circonstances qu'il appartient au jury d'apprécier souverainement quant aux divers chefs d'accusation ; attendu que, par la position d'une question unique sur le discernement, le jury s'est trouvé dans la nécessité de statuer par une seule réponse sur la culpabilité relative à quatre faits principaux, au lieu d'avoir à répondre distinctement pour chacun d'eux ; que la question ainsi posée et la réponse intervenue contiennent donc manifestement le vice de complexité et constituent dès lors une violation expresse des articles 340 du Code d'instruction criminelle et 1er de la loi du 13 mai 1836 ; par ces motifs, casse, etc.

Ainsi, toutes les fois qu'un mineur de seize ans est traduit devant la Cour d'assises sous l'accusation d'un crime, il faut, à peine de nullité, poser au jury la question de discernement et la poser pour chaque crime si le mineur est accusé de plusieurs crimes.

Il peut se faire que le discernement soit douteux chez un mineur âgé de plus de seize ans, mais, dans ce cas, ainsi que nous l'avons dit plus haut, la question de discernement ne sera pas posée isolément, elle rentrera dans la question unique et complexe de culpabilité ; elle ne sera pas posée même, si l'accusé prétend qu'il y a lieu de la poser, seulement, dans ce dernier cas, le jugement ou arrêt qui repousserait la prétention de l'accusé devrait être motivé. C'est ce qu'a jugé la Cour de cassation par arrêt du 14 octobre 1826, attendu que le demandeur avait requis que la question de discernement fût posée aux jurés ; que la réponse à cette question pouvait modifier le fait de l'accusation, la culpabilité de l'accusé et l'application de la peine; que la Cour d'assises a rejeté la demande de l'accusé, qu'un arrêt qui statuait sur la position des questions n'était point un arrêt d'instruction, ni un arrêt simplement préparatoire et qu'il devait être motivé. Par suite, dans cet arrêt, la Cour cassait la décision pour défaut de motifs comme étant rendue en violation des articles 7 et 17 de la loi du 20 avril 1810.

§ 2. — Le mineur comparait en police correctionnelle.

A. *Délits de droit commun.*

Les articles 66 du Code pénal et 340 du Code d'instruction criminelle, ne visent que le mineur accusé et par conséquent ne statuent que sur les questions posées au jury. La question de discernement doit-elle être posée au tribunal correctionnel quand ce tribunal a à juger un crime commis par un mineur de seize ans ? La loi ne l'a pas dit expressément parce qu'il n'y a pas de formes solennelles prescrites pour le tribunal correctionnel comme pour la Cour d'assises, mais l'article 68 du Code pénal décide que les tribunaux correctionnels se conformeront aux articles 66 et 67 ; il faut donc que le président pose dans l'ordre accoutumé à ses assesseurs la question de discernement et il faut que le jugement constate, à peine de nullité, que la question de discernement a été posée et résolue (1).

Il en est de même quand les tribunaux correctionnels jugent les délits suivant leur compétence normale, car, le discernement étant une condition essentielle de culpabilité, il est indispensable d'examiner avec soin si le prévenu a pu apprécier les conséquences de l'acte qu'il a fait et si la conception qu'il s'est faite des conséquences de l'acte qui lui est reproché est de nature à faire disparaître sa responsabilité ou à diminuer seulement sa culpabilité. Le principe qu'il ne saurait y avoir d'imputabilité pénale contre celui qui, à raison de son âge, était encore hors d'état de discerner le mal moral contenu dans l'acte qui lui est reproché, est un principe tellement absolu, tellement essentiel du droit pénal, dit M. Ortolan, qu'il s'étend à tous les délits, de quelque nature qu'ils soient, sans exception, et que, ne fût-il pas exprimé par la loi, il n'en devrait pas moins exercer son empire dans le jugement des affaires, le devoir du juge étant de déclarer non coupable celui qui se trouverait en semblable situation (2).

B. *Délits prévus par des lois spéciales.*

Il y a eu controverse au contraire pour savoir si les dispositions du Code pénal relatives aux mineurs doivent se restreindre aux crimes et aux délits prévus par le Code pénal, ou s'il faut les étendre à tous les crimes ou délits, même à ceux régis par des lois spéciales.

La fixation de l'âge de majorité pénale, les mesures

(1) Chauveau et Faustin Hélie, I, n° 332.
(2) Ortolan, II, n° 208, p. 127.

autorisées par l'article 66 à l'égard du mineur acquitté, la diminution de peine formulée dans les articles 67 et 69 à l'égard des mineurs condamnés parce que ces dispositions ne sont que des créations variables du droit positif, sont dénuées d'autorité en dehors de la loi qui les a établies (1), a-t-on dit.

Or aux termes de l'article 484 du Code pénal, « dans toutes les matières qui n'ont pas été réglées par le présent Code et qui sont régies par des lois et règlements particuliers, les cours et les tribunaux continueront de les observer. »

Par conséquent, disent certains auteurs, les dispositions des articles 66 et suivants du Code pénal, relatifs aux mineurs, ne s'appliquent aux délits prévus par des lois spéciales que si ces lois en ont formellement stipulé l'application.

La jurisprudence avait d'abord jugé que le bénéfice des articles 66 et 67 du Code pénal, qui modèrent les peines encourues, lorsque le prévenu est âgé de moins de seize ans, n'est pas applicable dans les matières régies par des lois spéciales. C'est ainsi que la Cour de cassation avait déclaré ces dispositions inapplicables en matière de délits de chasse (2), en matière de douanes (3), en matière d'eaux et forêts (4) ; la Cour de Metz les avait déclarés inapplicables en matière de contributions indirectes (5).

Mais, vers 1840, la jurisprudence a opéré un revirement complet et, depuis cette époque, il est de jurisprudence constante que les dispositions des articles 66 et suivants

(1) Comp. Ortolan, n° 298, II, p. 127 et 128.
(2) Cass., 5 juillet 1839, Sirey, 1840.1.189 et les renvois.
(3) Cass., 15 avril 1819, Sirey, 1819.1.311. Coll. nouv., 6e vol., 1.60.
(4) Cass., 2 juillet 1813, Coll. nouv., 4e vol., 1.387.
(5) Metz, 5 mars 1821, Coll. nouv., 6e vol., 2.374.

du Code pénal relatives aux mineurs sont applicables à tous les délits même prévus par des lois spéciales.

Ainsi que le fait observer M. Ortolan, « la généralité des termes de ces articles et cette considération qu'à défaut on tombe dans l'absence de toute règle positive sur un point aussi important nous font ranger à l'avis de cette extension, avis consacré par la jurisprudence la plus récente. »

En matière de délits de chasse, la Cour de cassation a fait application de l'article 69 du Code pénal, par arrêt du 9 avril 1875 (1).

Pour les douanes, c'est dans son arrêt du 20 mars 1841 que la Cour suprême décida « que la disposition de l'article 66 du Code pénal, d'après laquelle les individus âgés de moins de seize ans doivent être acquittés s'ils ont agi sans discernement, doit, comme celle de l'article 64 du même Code, relative à la démence et à la contrainte, être suivie dans toutes les matières, même dans celles qui sont régies par des lois spéciales, à moins que ces lois ne contiennent à ce sujet quelque dérogation expresse ou tacite (2) ». C'est ce principe qui a servi de base à toute la jurisprudence ultérieure depuis cette époque et que la Cour de cassation a reproduit dans son dernier arrêt relatif aux délits de douanes en le généralisant : « attendu, disait la Cour, que les articles 66, 67, 68, 69 du Code pénal, ont pour objet de subvenir à la faiblesse de l'âge ; qu'ils dérivent d'un seul et même principe dont ils règlent les conséquences suivant les divers cas qu'ils prévoient ; qu'il suit de là, d'une part, que les dispositions contenues dans ces articles sont générales et doivent recevoir leur application à tous les faits qualifiés crimes ou délits, à moins

(1) Cass., 9 avril 1875, Dalloz, 1877.1.508.

(2) Cass., 20 mars 1841, *Journal de droit criminel*, 1841, p. 158.

qu'il n'en soit autrement ordonné ; qu'il s'ensuit, d'autre part, qu'aucune distinction ne saurait être admise entre la disposition qui prescrit l'acquittement d'un mineur, lorsqu'il a agi sans discernement, et celles qui le font jouir d'une modération de peine lorsqu'il a agi avec discernement (1). »

Plus récemment, la Cour de Pau a fait application de ce principe aux délits prévus par les lois sur les contributions indirectes.

La Cour de Pau, à l'occasion d'un enfant de treize ans surpris colportant des allumettes de provenance frauduleuse, a décidé, par arrêt du 23 mars 1889, qu'il y a lieu, tout d'abord, de rechercher s'il a agi avec discernement ; qu'en effet les dispositions de l'article 66 du Code pénal, décidant que le mineur de seize ans, qui a agi sans discernement, doit être acquitté sont générales, et s'étendent, à moins de dérogation particulière, à tous les délits, même à ceux prévus par des lois spéciales, et notamment sont applicables en matière de délits prévus par les lois sur les contributions indirectes (2).

Enfin la Cour de Bordeaux, par arrêt du 11 mars 1891, a décidé que les dispositions du Code pénal relatives aux mineurs étaient applicables aux infractions aux lois et règlements sur la police et l'exploitation des chemins de fer : « Attendu, dit la Cour de Bordeaux, qu'il est certain que les règles du droit commun sont applicables aux matières spéciales lorsqu'il n'y a pas été expressément dérogé..., d'autant plus qu'il s'agissait dans la cause d'une infraction d'une nature toute spéciale, dont les caractères

(1) Cass., 11 janvier 1856, Sirey, 1856.1.634.
(2) Cour de Pau, 23 mars 1889, Sirey, 1889.2.152.

juridiques ne sont exempts ni de controverses, ni de difficultés (1).

Concluons, dit M. Garraud, que cette présomption d'irresponsabilité qu'il faut détruire, étant attachée à la personne même du mineur puisqu'elle est fondée sur son jeune âge, le protège, que l'infraction dont il est inculpé soit prévue par le Code pénal ou par une loi spéciale en dehors de ce Code. Ce n'est pas en effet à raison de la nature de l'infraction, mais à raison de la personne de l'inculpé que se pose la question de discernement. Elle a donc le caractère le plus absolu et le plus général (2).

§ 3. — Le mineur comparaît devant le tribunal de simple police.

La question de discernement se pose-t-elle aussi au juge de simple police et doit-elle être examinée par lui ?

Pour M. Villey, les textes et la raison s'y opposent. Sans doute, il faut, en cette matière comme en toute autre, que les conditions de l'imputabilité pénale soient réunies. Mais il résulte et de l'intitulé du chapitre, et des articles qui entourent l'article 66, particulièrement de l'article 69, que ces textes ne s'appliquent qu'aux crimes et aux délits (3).

Ortolan avait déjà soutenu le même système. Le Code, disait-il, ne parle, dans les articles 66, 67 et 69, que de crimes et de délits ; les contraventions de simple police sont traitées à part, dans un livre spécial. Sans doute, si le juge de simple police reconnaît que l'inculpé, à cause de son jeune âge, a agi sans discernement, il devra, ici,

(1) Cour de Bordeaux, 11 mars 1891, Sirey. 1891,2,160.
(2) Garraud, *Traité*, I, n° 263 *in fine*, p. 332 et note 9.
(3) Villey, p. 104.

comme dans tous les autres cas, le déclarer non coupable et l'acquitter en vertu du principe essentiel et absolu du droit pénal (1) d'après lequel il ne peut y avoir d'imputabilité pénale contre celui qui, à raison de son âge, est hors d'état de discerner le mal moral contenu dans l'acte qui lui est reproché (2), mais le juge ne peut appliquer ici ni l'article 66, ni l'article 69.

On ajoute encore que les contraventions sont punissables sans avoir égard à l'intention de l'agent, ces contraventions résultant en général de faits purement matériels.

Mais, ainsi que le fait observer M. Faustin Hélie (3), l'excuse comprend ici, non seulement le défaut d'intention, mais la faiblesse de l'âge et de l'intelligence. La loi, quand elle punit une contravention, punit toujours une faute, une négligence, une imprudence, une ignorance ; et toute faute, si minime qu'elle soit, ne peut se concevoir que de la part d'une personne qui a le discernement de ses actes (4). Le défaut d'intention ne doit pas être confondu avec le défaut de discernement et la mission de toute juridiction est d'examiner spécialement la question de discernement puisque, à l'âge de l'inculpé, l'imputabilité est au moins incertaine.

C'est ce que la Cour de cassation a jugé toutes les fois que l'occasion lui en a été offerte. Par arrêt du 12 août 1845, elle avait décidé que l'article 66 du Code pénal, contient en faveur des mineurs de seize ans des dispositions générales et absolues (5) ; par arrêts des 7 juillet 1864, 21 mars 1868, 7 janvier 1876, elle a formellement re-

(1) Ortolan, n° 208 *in fine*, II, p. 128.
(2) Ortolan, n° 298 II, p. 127.
(3) Faustin Hélie, *Pratique criminelle*, II, p. 85.
(4) Garraud, *Traité*, I, n° 203, p. 331 et 332.
(5) *Journal du Droit criminel*, 1855, p. 327, art. 3878.

connu que l'article 66 du Code pénal, pose un principe général commun aux crimes, délits et contraventions (1). La jurisprudence de la Cour suprême est constante sur ce point.

On cite, il est vrai, en sens contraire un arrêt du 12 février 1863 ainsi conçu : « Attendu que du procès-verbal dressé le 18 juillet dernier par le garde champêtre de la commune, il résulte que les dénommés au dit procès-verbal ont commis l'infraction prévue par l'article 471, § 13 du Code pénal ; que ce procès-verbal n'a pas été débattu à l'audience par la preuve contraire et que, néanmoins, les prévenus ont été renvoyés des fins de la poursuite, par ce triple motif que, mineurs, ils ont agi sans discernement, que le fait était, de leur part, non un acte de méchanceté, mais un jeu d'enfant et qu'enfin il n'y avait pas eu de dommage ; attendu que toutes ces excuses sont arbitraires ; qu'en matière de contravention, l'âge, le discernement et l'intention, sont des circonstances complètement indifférentes ; que, d'un autre côté l'article 471, § 13 n'exige pas qu'il y ait eu dommage causé, mais uniquement que l'on soit entré et que l'on ait passé sur un terrain préparé ou ensemencé ; qu'il suit de là qu'en admettant ces diverses excuses, alors qu'elles étaient sans valeur contre les constatations du procès-verbal susvisé, le jugement attaqué a violé la foi due audit acte, et l'article 154 du Code d'instruction criminelle ; par ces motifs, la Cour casse, etc. »

Pris à la lettre, cet arrêt paraît affirmer qu'en matière de contravention de police l'âge et le discernement sont des circonstances complètement indifférentes ; mais les

(1) *Journal du Droit criminel*, 1865, p. 137, art. 8003, ; Dalloz, 1869.1. 263 ; Dalloz, 1870.1.405.

termes du jugement attaqué et de l'arrêt prouvent qu'il s'agit ici simplement d'une décision d'espèce.

M. Blanche, qui a fait de cet arrêt une étude spéciale, dit qu'il a pu reconnaître que le jugement annulé se fondait principalement sur ce « que l'action de s'amuser n'emporte avec elle aucune idée de contravention, surtout lorsqu'elle émane d'un groupe d'enfants, qui par leur jeune âge, sont censés avoir agi sans discernement ». Ainsi ce jugement n'indiquait pas que les délinquants étaient des mineurs de seize ans ; il se bornait à indiquer que c'étaient des enfants, sans déterminer leur âge. Il ne décidait pas qu'ils avaient, personnellement et chacun, agi sans discernement ; il se bornait à déclarer que, par leur jeune âge, ils étaient censés avoir agi sans discernement. La décision attaquée n'avait donc pas jugé que les délinquants étaient mineurs de seize ans et qu'ils avaient agi sans discernement (1).

M. Blanche en tire cette conclusion que « sans revenir sur ses précédents, la Cour a pu casser ce jugement, qui ne se fondait que sur une présomption vague et indéterminée de défaut de discernement et sur le jeune âge des délinquants, qu'il ne déterminait pas. »

§ 4. — Le mineur est jugé par un tribunal d'exception.

L'obligation de poser, quant à un prévenu ou accusé âgé de moins de seize ans, la question de savoir s'il a agi avec discernement, existe pour toutes les juridictions, à moins de dérogation spéciale par un texte de loi.

C'est ainsi que, d'après un arrêt de cassation du 7 avril 1867, les tribunaux commerciaux maritimes y sont soumis

(1) Blanche, *Etudes pratiques sur le Code pénal*, II, n° 250, p. 654.

à l'occasion des faits de leur compétence, le décret du 24 mars 1852 qui les a institués ne contenant point une telle dérogation. Et il suffit, pour qu'ils soient tenus de poser la question dont il s'agit, que l'allégation de l'accusé d'être âgé de moins de seize ans soit confirmée tant par l'extrait des registres matricules produits au procès que par les constatations du jugement lui-même (1).

De tout ce qui précède, nous concluons que la question de discernement étant une question d'imputabilité est indépendante de la nature des juridictions devant lesquelles le mineur est traduit et qu'elle doit être posée à l'occasion de tous les faits punissables, quels qu'ils soient, crimes, délits ou contraventions, que ces faits soient prévus par le Code pénal ou par des lois spéciales.

TITRE III

Conséquences du défaut de discernement.

Nous avons dit qu'à l'occasion du mineur de seize ans une double question devait être posée : 1° La question de culpabilité ;

2° La question de discernement.

Si la réponse à la première question est négative, l'accusé doit être acquitté et la Cour ne peut prendre contre lui aucune mesure même de correction, il est dans la même situation qu'un majeur de seize ans déclaré non coupable (2).

(1) Cass., 7 avril 1885, Sirey, 1885.1.307.

(2) Nous rappelons que, si les juges acquièrent la conviction qu'un majeur de seize ans a agi sans discernement, ils doivent l'acquitter ; il ne suffirait pas de déclarer que l'accusé a agi sans discernement, il faudrait qu'il fût

Si au contraire le mineur de seize ans est déclaré coupable, alors se pose la deuxième question : a-t-il agi avec discernement ?

Supposons d'abord qu'il a été déclaré que le mineur a agi sans discernement. Dans ce cas, aux termes de l'article 66 du Code pénal : « Lorsque l'accusé aura moins de seize ans, s'il est décidé qu'il a agi *sans discernement*, il sera *acquitté* ; mais il sera, selon les circonstances, remis à ses parents ou conduit dans une maison de correction, pour y être élevé et détenu pendant tel nombre d'années que le jugement déterminera, et qui toutefois ne pourra excéder l'époque où il aura accompli sa vingtième année. »

L'accusé sera acquitté, mais il pourra être détenu dans une maison de correction.

Quelle est donc la nature de cet acquittement. Quels en sont les effets ? Quelle est la nature de cette détention ?

Nous allons examiner ces trois questions en trois sections :

Section I. — Quelle est la nature de cet acquittement ?

Section II. — Quels sont les effets de cet acquittement

Section III. — Quelle est la nature de la détention infligée à ce mineur malgré l'acquittement ?

SECTION I. — *Quelle est la nature de l'acquittement prononcé quand le mineur a agi sans discernement ?*

L'article 66 du Code pénal nous dit formellement que

déclaré non coupable. Cass., 1er sept. 1826, S. 1827. 1. 263. Ceci résulte nécessairement de ce qu'il n'est posé pour le majeur de seize ans qu'une seule question et que le discernement est examiné comme les autres éléments de la culpabilité.

le mineur de seize ans doit être *acquitté* s'il est reconnu avoir agi sans discernement.

Il est évident, disent MM. Chauveau et Faustin Hélie, que l'absence du discernement dans l'agent dépouille l'action de toute criminalité (1). Toute responsabilité doit tomber en effet devant la preuve que l'accusé a agi sans discernement ou sans volonté.

Mais il ne faut pas oublier que cet accusé vient d'être déclaré coupable et il semble plus probable que, si les juges estiment que le prévenu ou l'accusé, à raison de son âge, a agi sans discernement, ils le déclareront non coupable et l'acquitteront, comme ils acquitteraient tout individu qui, pour une cause quelconque, n'aurait pas l'intelligence de ses actes.

Aussi quelques auteurs se refusent-ils à voir ici, malgré les termes exprès de l'article 66, un véritable *acquittement*.

C'est une absolution, disent-ils, et non un acquittement ; l'absolution en effet suppose que le fait matériel existe, que l'élément moral existe également, mais qu'une circonstance spéciale rend le coupable excusable. La minorité serait une excuse absolutoire. On ne peut concilier autrement la déclaration de culpabilité et la déclaration du défaut de discernement. Il faut remarquer aussi que, dans l'article 66 du Code pénal, la loi ne dit pas comme dans l'article 65 du Code pénal, et dans les articles 327 et 328 du Code d'instruction criminelle, qu'il n'y a ni crime ni délit. Cet acquittement ne peut donc pas produire les mêmes effets qu'un acquittement ordinaire à la suite d'une réponse négative sur la question de culpabilité.

(1) Chauveau et Faustin Hélie, I, p. 490.

Pour s'en convaincre d'ailleurs, il suffit de se reporter aux travaux préparatoires du Code pénal de 1810. Dans son rapport au Corps législatif, sur la loi formant le livre 2 du Code des délits et des peines (1), M. Riboud, membre de la commission législative, exposait en ces termes les dispositions de la loi concernant le mineur ayant agi sans discernement :

« Après avoir fixé les principes concernant les personnes punissables à raison de la part qu'elles peuvent avoir prise aux crimes ou délits, le projet considère ces personnes sous des rapports qui tiennent à *elles-mêmes*, tels que l'influence de leur âge, la situation de leur esprit, le degré de la force qui les a entraînées. Cette partie de la loi proposée tend donc à faire apprécier jusqu'à quel point leur volonté a dirigé l'action réputée crime ou délit. Il est reconnu dans l'article 64 que l'action cesse d'avoir ces caractères si elle est l'effet d'une force à laquelle il a été impossible que son auteur pût résister, ou s'il ne jouissait pas de la plénitude de ses facultés intellectuelles, ou enfin s'il a agi sans discernement. Il n'existe plus alors ni crime ni délit, et l'accusé doit être absous. Ces caractères ne disparaissent point, au contraire, s'il a été plus ou moins en état d'évaluer l'action à laquelle il s'est livré. Ainsi, l'âge au-dessous de seize ans doit en atténuer la gravité, sans l'effacer entièrement, et par conséquent entraîner alors une peine quelconque, mais différente de celle que la loi inflige au crime » (2).

Plus loin, M. Riboud disait encore :

« Pour déterminer l'influence que peut avoir l'âge de l'individu qui n'a pas accompli sa seizième année, il est

(1) Séance du 13 février 1810.
(2) Riboud, n° 51.

nécessaire de faire une distinction admise dans le Code de 1791 et conservée dans celui de 1810 ; elle a pour objet de vérifier s'il a agi avec discernement ou non ? S'il n'a pas agi avec discernement, il n'y a point de crime ni de peine, cependant, par une précaution sage, l'article 66 autorise les juges à ordonner qu'en ce cas, l'accusé acquitté sera remis à ses parents, ou conduit dans une maison de correction, pour y être élevé et détenu pendant un temps qui ne peut excéder l'époque où il aura atteint sa vingtième année. Cette disposition facultative porte l'empreinte de la prévoyance publique, qui doit prévenir le retour des excès, et celle d'une vigilance paternelle qui ne permettrait pas de priver totalement la jeunesse des premiers principes d'éducation nécessaires au commun des hommes, quelle que soit leur position, et de ne pas l'abandonner à une communication dangereuse avec les individus immoraux qui peuplent la maison de correction (1). »

Plus loin, parlant des excuses, M. Riboud s'exprimait ainsi dans son rapport : « La discussion des effets de l'influence de l'âge des condamnés conduit naturellement à celle des articles qui traitent de l'excuse en matière criminelle, puisque cette influence n'est elle-même au fond qu'une excuse, d'après l'acception et le sens ordinaire de ce mot (2). »

Qu'est-ce en effet qu'une excuse ?

Dans le sens ordinaire du mot, on appelle excuse une circonstance qui diminue, sans la faire disparaître, la criminalité d'une action ou la culpabilité de son auteur. Le sens vulgaire du mot excuse en est aussi le sens légal : en ce sens, les excuses sont des faits de nature à atténuer

(1) Rapport de M. Riboud, n° 52.
(2) Riboud, n° 54.

ou même à supprimer la peine (1), caractérisées avec précision par la loi, soit au point de vue des circonstances dans lesquelles elles existent, soit au point de vue de leurs effets. En somme toute excuse suppose deux choses : un fait illicite et un agent coupable de ce fait.

Ne résulte-t-il pas de là que la minorité de seize ans constitue simplement une excuse absolutoire quand il est reconnu que le mineur a agi sans discernement ?

Il y a un cas où ceci n'est pas douteux : en cas de délit de vagabondage, la minorité de seize ans constitue certainement une excuse absolutoire, sauf renvoi sous la surveillance de la haute police (Code pénal, art. 271).

Pourquoi en serait-il autrement dans les autres cas alors surtout que les juges peuvent envoyer ce coupable en correction jusqu'à vingt ans ?

Si l'on admet cette interprétation, l'accusé est absous et non pas acquitté.

C'est là l'opinion de M. Blanche qui soutient fortement cette interprétation malgré le texte formel de l'article 66 en partant de cette idée que l'acquittement n'a lieu que dans le cas où il est jugé que l'inculpé n'a pas exécuté le fait pour lequel il est poursuivi (2).

C'est aussi l'opinion de M. Glasson :

Est-il reconnu que le mineur âgé de moins de seize ans a agi sans discernement, dit M. Glasson, il est excusable et cette excuse s'oppose à l'application de toute peine : l'accusé est absous par arrêt de la Cour, mais il supporte les frais du procès et, de plus, il reste à la disposition du

(1) Les excuses atténuantes ont pour effet de diminuer la pénalité ; les excuses absolutoires ont pour effet de la supprimer, à moins qu'elles ne comportent quelquefois l'interdiction de séjour.

(2) Voyez Villey, p. 103 et note 3 ; Blanche, I. n. 322 et 323

juge qui peut, à son choix ou le remettre à ses parents, ou, si les parents ne présentent aucune garantie, le retenir pendant un temps plus ou moins long, jamais au delà de l'âge de vingt ans, dans une maison de correction, mais c'est là un simple moyen d'éducation et non une peine (1).

La majorité des auteurs cependant décident que le mineur est l'objet d'un véritable *acquittement* quand il est reconnu qu'il a agi sans discernement.

Le texte de l'article 66 est formel ; il nous dit bien que le mineur sera acquitté. Ce mot se trouvait déjà dans le Code de 1791 qui contenait la disposition suivante : « Si les jurés décident que le coupable a commis le crime sans discernement, il sera acquitté du crime. » Ce n'est donc pas par inadvertance que le mot acquitté a été employé dans l'article 66 du Code pénal, et certainement les législateurs ont vu dans le non-discernement une cause d'irresponsabilité, car si le fait matériel existe, l'élément moral fait défaut ; il y a donc lieu à un véritable acquittement.

Nous trouvons un appui très solide pour cette opinion dans l'exposé des motifs présenté au Corps législatif par M. Faure sur le livre 2 du Code pénal.

Voici comment s'exprimait M. Faure (2) : « Le Code détermine ensuite l'influence de l'âge des condamnés, sur la nature et la durée des peines. — Il s'occupe d'abord de celui qui, au moment de l'action, n'avait pas encore seize ans. On se rappelle que l'article 340 du Code d'instruction criminelle a décidé qu'à l'égard de l'accusé qui se trouverait dans cette classe, la question de savoir s'il a commis l'action avec discernement serait examinée. — Les dispo-

(1) Glasson, *Éléments du droit civil*, II, p. 458.

(2) Exposé des motifs présenté par M. Faure au Corps législatif sur le livre 2 du Code pénal (séance du 3 fév. 1810).

sitions actuelles règlent ce qui doit être ordonné d'après le résultat de l'examen. Si la décision est négative, l'accusé doit nécessairement être acquitté ; car il serait contradictoire de le déclarer coupable d'un crime et de dire en même temps que ce dont il est accusé a été fait par lui sans discernement. — Les juges prononceront donc qu'il est acquitté ; mais ils ne pourront le faire rentrer dans la société, sans pourvoir à ce que quelqu'un ait les regards fixés sur sa conduite ; ils auront l'option de le rendre à ses parents, s'ils ont en eux assez de confiance, ou de le tenir renfermé durant un espace de temps qu'ils détermineront. »

Cette détention ne sera point une peine, mais un moyen de suppléer à la correction domestique, lorsque les circonstances ne permettront pas de le confier à sa famille. Sa plus longue durée n'excédera jamais l'époque où la personne sera parvenue à l'âge de vingt ans accomplis. Ces limites laissent un intervalle suffisant pour que les juges puissent proportionner la précaution au besoin.

Pour M. Faure, l'acquittement s'impose parce qu'il serait contradictoire de déclarer ce mineur coupable d'un crime et de dire en même temps que ce dont il est accusé a été fait par lui sans discernement. C'est donc que le mineur dans ce cas ne peut être déclaré responsable, et par conséquent nous sommes en présence d'une cause de non-imputabilité et par suite d'un véritable acquittement

SECTION II. — *Quels sont les effets de l'acquittement prononcé pour défaut de discernement ?*

Nous avons dit que le défaut de discernement constitue, pour le mineur de seize ans, une cause de non-imputabilité et non pas seulement une excuse absolutoire ; nous en avons conclu que l'acquittement prononcé en vertu de l'article 66 du Code pénal, quand le mineur de seize ans a agi sans discernement, est un véritable acquittement et non pas seulement une absolution.

En principe, la distinction entre l'acquittement et l'absolution présente un intérêt considérable, car il existe entre les excuses absolutoires et les causes de non-imputabilité des différences importantes à plusieurs points de vue :

1° Quant au rôle des juridictions d'instruction ;

2° Quant aux questions à poser au jury ;

3° Quant à la juridiction chargée de prononcer l'acquittement ou l'absolution ;

4° Quant à la faculté de prononcer une peine ;

5° Quant aux réparations civiles ;

6° Quant aux frais de l'instance.

Dans notre matière, la distinction a moins d'importance pratique parce que les principaux effets de l'acquittement dont nous nous occupons sont fixés par des textes spéciaux et il est facile de constater que les règles ne sont pas tout à fait les mêmes que celles qui résulteraient d'une cause de non-imputabilité ordinaire.

Il importait néanmoins de faire avec soin cette distinction, car elle pourra nous servir à trancher quelques questions discutées. Nous allons examiner successivement les différents effets de l'acquittement prononcé en vertu de l'article 66 du Code pénal.

Auparavant nous rappellerons que, la nature de l'acquittement restant la même, les effets de l'acquittement sont les mêmes quel que soit le fait délictueux dont il est question et quelle que soit la juridiction saisie.

C'est en effet un point aujourd'hui constant en jurisprudence, nous l'avons dit plus haut, d'une part, que l'article 66 du Code pénal, aux termes duquel l'accusé âgé de moins de seize ans peut être acquitté, s'il a agi sans discernement, pose un principe général, commun aux crimes, aux délits et aux contraventions (1), d'autre part, que l'article 66 du Code pénal doit être appliqué même aux infractions punies par des lois spéciales, à moins que ces lois ne contiennent à ce sujet quelque dérogation. C'est ce qui a été jugé spécialement en matière de délits et contraventions de douanes (2), en matière de contributions indirectes (3), d'infractions à la police des chemins de fer (4).

En matière de douanes cependant, on avait objecté l'article 16 de la loi du 9 floréal an VII qui défend, en matière de douanes, d'excuser les contrevenants sur l'intention. Mais la Cour de cassation, par arrêt du 20 mars 1841, a formellement reconnu que cet article 16 de la loi du 9 floréal an VII ne fait pas obstacle à l'application de l'article 66 du Code pénal ; qu'en effet l'intention n'est pas la même chose que le discernement, celui-ci se rapportant à la conscience que l'on a de ses actes et l'intention à la volonté qui les fait commettre ; que l'intention criminelle ne peut manquer là où le discernement existe, ce qui est le cas prévu par ledit article 16 ; mais que l'absence de discernement est une cause de justification beaucoup plus péremptoire, à laquelle on ne peut appliquer par extension la prohibition de cet article ; attendu d'un autre côté que les tribunaux ne peuvent prononcer de peine qu'autant qu'ils constatent l'existence de toutes les circonstances

(1) Cass., 24 mars 1869, S. 1869.1.388 ; Cass., 7 janvier 1870, S. 1870.1.96.

(2) Cass., 11 janvier 1856, S. 1856.1.633.

(3) Pau, 23 mars 1889, S. 1889.2.152.

(4) Bordeaux, 11 mars 1891, S. 1891.2.164.

exigées par la loi pour rendre le fait punissable ; d'où il suit qu'à l'égard d'un prévenu âgé de moins de seize ans, ils doivent, avant toute condamnation, examiner et résoudre la question de discernement ; que cependant la Cour royale a appliqué au demandeur, âgé de moins de seize ans, les dispositions pénales des articles 41, 42 et 44 de la loi du 28 avril 1816, sans déclarer qu'il avait agi avec discernement ; en quoi elle a faussement appliqué lesdits articles et violé l'article 66 du Code pénal ; visant le partage déclaré le 4 mars dernier, casse (1).

Sur la question de savoir dans quels cas la question de discernement doit être posée, nous renvoyons pour plus de détails à la section II du titre précédent ; nous allons entrer immédiatement dans l'étude des questions spéciales à notre titre.

§ 1. — Quel est le rôle de la juridiction d'instruction en notre matière ?

La question de discernement, comme la question d'excuse, n'est pas examinée par les juridictions d'instruction, mais par les juridictions de jugement. Néanmoins, quand il s'agit d'un mineur de seize ans, il faut que le juge d'instruction et la Chambre des mises en accusation examinent l'âge et l'intelligence de l'enfant afin de rechercher s'il y a lieu de renvoyer cet enfant devant la Cour d'assises ou devant le tribunal correctionnel conformément à l'article 68 du Code pénal.

§ 2. — Comment la question de discernement est-elle posée ?

Nous avons déjà dit que, comme la question d'excuse,

(1) Cass., 20 mai 1841, *Journal du Droit criminel*, 1841, p. 158.

la question de discernement était posée séparément. Nous avons mentionné que la loi de 1832 avait ajouté la sanction de la nullité en cas d'omission de cette règle (art. 339, C. inst. crim.) ; cette loi n'a fait d'ailleurs que confirmer une jurisprudence antérieure (1).

§ 3. — Qui prononce l'acquittement ?

Lorsque l'accusé a été déclaré non coupable, le président prononce qu'il est acquitté de l'accusation et ordonne qu'il soit mis en liberté s'il n'est retenu pour une autre cause (art. 358, C. inst. crim.).

Il en est de même pour le mineur déclaré non coupable ; au contraire si le mineur est déclaré coupable, mais avoir agi sans discernement, nous savons que ce mineur peut être remis à ses parents ou conduit dans une maison de correction, pour y être élevé et détenu pendant tel nombre d'années que le jugement déterminera et qui toutefois ne pourra excéder l'époque où il aura accompli sa vingtième année (art. 66, C. pén.).

Un arrêt de la Cour est nécessaire pour déterminer ces mesures de détention.

Le pourvoi en cassation est-il possible contre l'arrêt de la Cour acquittant le mineur pour défaut de discernement ?

« La sentence d'acquittement pour défaut de discernement en Cour d'assises, étant la conséquence d'un verdict du jury qui s'impose au point de vue de l'exemption de toute peine, est, comme tout autre acquittement, à l'abri d'un recours en cassation : les articles 350 et 360 du Code d'instruction criminelle lui sont donc applicables (2). »

(1) Cass., 8 brum. an IX. Coll. nouv., 1er vol., 1. 381 ; Cass., 17 sept. 1818. Coll. nouv., 5e vol., 1. 533.
(2) Garraud, *Traité*, I, p. 355.

La Cour de cassation, par application de cette règle, a décidé que le mineur de seize ans qui, poursuivi correctionnellement et acquitté pour défaut de discernement, a été néanmoins condamné à être enfermé dans une maison de correction, est tenu, au cas de pourvoi en cassation de sa part contre l'arrêt, de consigner l'amende exigée par les articles 419 et 420 du Code d'instruction criminelle (1).

En résumé l'acquittement prononcé en faveur du mineur qui a agi sans discernement produit plusieurs des effets de l'acquittement ordinaire, et aussi quelques-uns des effets de l'absolution. Mais il a fallu pour cela que la loi les indique formellement et, dans tous les cas, l'article 66 est formel : le mineur est *acquitté*.

§ 4. — Peut-on appliquer une peine contre le mineur déclaré coupable, mais ayant agi sans discernement?

Sur ce point, l'acquittement prononcé au profit de ce mineur produit les effets de l'acquittement ordinaire. Le mineur acquitté pour défaut de discernement ne peut être condamné à aucune peine, pas même à la surveillance de la haute police remplacée aujourd'hui par l'interdiction de séjour, qui est prononcée parfois quand, à raison d'une excuse absolutoire, la peine principale est supprimée (2).

Nous verrons en effet plus loin que la détention qui peut être infligée au mineur jusqu'à sa vingtième année n'est pas une peine, mais constitue une mesure d'éducation.

De ce que le mineur ne peut être condamné à aucune peine il résulte que ce mineur, quoique déclaré coupable,

(1) Cass., 1er déc. 1860, Sirey, 1861.1.380 ; Cass., 13 avril 1865, Sirey, 1865.1.408.

(2) Garraud, *Traité*, I, p. 835.

ne sera pas considéré comme récidiviste si plus tard il est poursuivi pour un nouveau fait.

Nous avons dit que le mineur ne pouvait être condamné à aucune peine ; une controverse cependant s'est élevée relativement aux amendes en matière fiscale. M. Garraud affirme que, même en matière fiscale, le mineur ne peut être condamné aux amendes quoiqu'elles aient un caractère mixte et représentent tout à la fois la réparation du préjudice et la répression pénale de l'infraction (1).

Mais la jurisprudence est fixée en ce sens que l'amende, en matière fiscale, a principalement le caractère de réparation civile, et de ce principe, la Cour de cassation a tiré la conséquence que le mineur de seize ans, déclaré coupable d'une contravention en matière de douanes ou contributions indirectes, mais acquitté comme ayant agi sans discernement, doit être néanmoins condamné à l'amende (2).

La Cour suprême a proclamé le même principe, en matière de douanes, par arrêt solennel, toutes chambres réunies, le 13 mars 1844.

Voici le texte de cet arrêt :

« Vu l'article 41 de la loi du 28 avril 1816 : Attendu que la matière des douanes est régie par des lois spéciales portant avec elles leur sanction particulière, dont l'article 484 du Code pénal, prescrit aux Cours et tribunaux la stricte observation ; que si cet article n'a pas reçu une acception trop absolue, en ce sens que le Code pénal dut être considéré comme complètement étranger aux matières de douanes, il a cependant toujours été reconnu que

(1) Garraud, *Traité*, I, p. 335.
(2) Cass., 18 mars 1842, Sirey, 1842.1.465 ; Cass. (ch. réunies), 13 mars 1844, Sirey, 1844.1.369.

la loi générale devait céder devant la loi spéciale, et que là où celle-ci présentait une disposition, elle devait être seule appliquée, quelque contraire qu'elle pût être au droit commun ; attendu que les amendes qui doivent être prononcées pour contravention aux lois sur les douanes, n'ont pas un véritable caractère pénal, qu'elles sont plutôt une réparation civile ; que cela résulte de la législation spéciale de la matière, notamment des dispositions des articles 1, titre 5 et 20, titre 13, de la loi du 22 août 1891, 8, titre 3, de celle du 4 germinal an II, de l'arrêté du directoire exécutif du 27 thermidor an IV, et 56 de la loi du 28 avril 1816 ; qu'en ce qui touche cette dernière loi, il importe peu qu'on puisse dire que l'article 56 précité a été expressément abrogé par l'article 38 de la loi du 21 avril 1818 ; que cette abrogation prononcée seulement comme la conséquence de la suppression des Cours prévôtales, dont les attributions passaient aux tribunaux correctionnels, n'a pas eu pour objet de changer le caractère de l'amende pour fait de douane, tel que l'avait déterminé la loi de 1816, et même toutes celles antérieures en matière semblable, ni de faire que, de réparation civile qu'elle était, elle prit la nature d'*une* peine, et que tout ce qui en est résulté est que l'amende, en tombant sous la juridiction correctionnelle, s'est trouvée rangée, par exception au droit commun, dans la catégorie des *restitutions* et des dommages-intérêts dont l'article 10 du Code pénal, veut que la condamnation soit accessoire à celle de la peine(1). »

§ 5. — Le mineur acquitté pour défaut de discernement peut-il être condamné à des réparations civiles ?

Le mineur, qui a agi sans discernement, n'est donc pas

(1) Cass., 13 mars 1844, S. 1844.1.866.

responsable devant la loi pénale. Mais en est-il de même en ce qui concerne la responsabilité purement pécuniaire ou civile ? La réparation du dommage que le mineur aura pu causer pourra-t-elle être poursuivie sur ses biens personnels ?

Pour répondre à cette question, Sourdat rappelle que le principe de la responsabilité même purement civile se trouve dans une faute, dans un acte coupable, imputable à son auteur. La raison philosophique aussi bien que le texte de l'article 1382 le disent assez haut. Donc, quand le fondement de l'imputabilité des actions humaines, c'est-à-dire la conscience, la volonté, le discernement, font totalement défaut ; quand une faute imputable à l'agent ne peut en aucune façon être considérée comme ayant donné lieu directement ou indirectement au dommage causé, n'en a été l'occasion éloignée ou prochaine ; dans tous ces cas, la responsabilité manque de base. Ainsi le fou, l'insensé l'enfant qui n'a pas encore de discernement seront affranchis de tout recours, même sur leurs biens (1).

« Il n'y a point à cela d'injustice, ajoute Sourdat. Qu'on ne s'étonne pas de ce que l'auteur du dommage, que l'on peut supposer être riche, ne sera pas obligé de réparer le préjudice qu'il aura causé à un plus pauvre que lui, peut-être. Remarquons-le, il n'y a pas ici de raison de faire retomber le dommage sur l'un plutôt que sur l'autre. C'est un cas fortuit, de même, dit Ulpien, que si une tuile se détache du toit et donne la mort à un passant. »

Quærimus si furiosus damnum dederit, an legis Aquiliæ actio sit ? Et Pegasus negavit : quæ enim in eo culpa sit cum suæ mentis non sit ? Et hoc est verissimum. Cessa-

(1) Sourdat, *Traité de la responsabilité ou de l'action en dommages-intérêts en dehors des contrats*, 4e édition, n. 16, p. 9 et 10.

bit igitur Aquilia actio quemadmodum si quadrupes damnum dederit, aut si tegula ceciderit. Sed et si infans damnum dederit idem erit dicendum (1).

L'absence de libre arbitre engendre ici l'irresponsabilité (2).

Mais le mineur en âge de discernement est responsable des délits qu'il commet (art. 1310, C. civ.) (3).

Bien entendu dans les deux cas, la responsabilité des personnes sous la garde desquelles se trouvent ces mineurs sera engagée conformément à l'article 1384 du Code civil.

La Cour de cassation l'a reconnu dans de nombreux arrêts (4).

Mais, dans un arrêt du 26 mai 1888, la Cour de Nancy a décidé que le père ne peut être condamné personnellement à des dommages-intérêts, comme responsable, dans les termes de l'article 1384 du Code civil, du fait de son fils, dès lors que celui-ci n'habitait pas avec lui à l'époque de l'accident, et la Cour de cassation a confirmé cette décision par arrêt du 13 janvier 1890.

Dans le même arrêt, il était décidé que l'action en responsabilité contre un directeur de pensionnat, comme l'action en garantie que le père de l'enfant, auteur d'un accident poursuivi en dommages-intérêts, a formée contre le même directeur, sont à bon droit rejetées quand il résulte des constatations souveraines des juges du fond que ce directeur avait pris toutes les précautions qu'il lui était

(1) Loi 5, § 2, D. *Ad Leg. Aq.*
(2) Cf. Aubry et Rau, t. IV, p. 747.
(3) Aubry et Rau, IV, p. 747.
(4) Cass., 22 juin 1855 ; 7 juillet 1888 ; 7 janvier et 10 février 1870, déjà cités.

humainement et raisonnablement possible de prendre pour empêcher et prévenir l'accident (1).

Nous ne voulons pas engager une discussion sur cette jurisprudence, mais elle nous paraît de nature à diminuer outre mesure la responsabilité de ceux qui ont la garde des mineurs et à restreindre un peu trop l'application de l'article 1384 du Code civil.

§ 6. — Le mineur acquitté faute de discernement peut-il être condamné à payer les frais de l'instance ?

En principe l'accusé absous doit payer les frais ; l'accusé acquitté ne doit pas les payer. Or le texte de l'article 66 du Code pénal déclare que le mineur, reconnu n'avoir pas agi avec discernement, est acquitté, le texte ne dit pas absous. Il y a donc véritable acquittement. Par suite le mineur ne doit pas payer les frais.

La jurisprudence cependant condamne d'une manière régulière le mineur acquitté pour défaut de discernement à payer les frais ; mais en réalité les décisions de la jurisprudence n'ont pas la valeur théorique qu'on serait tenté de leur accorder tout d'abord, car c'est au moyen d'un véritable subterfuge et en évitant de donner aux frais du procès un caractère pénal que la jurisprudence motive ses décisions.

Voici en effet les motifs d'un arrêt du 25 mars 1843 par lequel la Cour de cassation décidait que le mineur de seize ans, acquitté d'une accusation de vol qualifié pour avoir agi sans discernement, doit être condamné aux frais : « en ce qui touche la condamnation solidaire aux frais, prononcée contre le demandeur : attendu que la déclaration

(1) Cass., 13 janvier 1890, Sirey, 1891.1.50 et note de M. Labbé.

de culpabilité, quelle qu'en soit la forme, suffit pour motiver, même à l'égard d'un mineur âgé de moins de seize ans qui est déclaré avoir agi sans discernement, la condamnation aux frais du procès solidairement avec les autres condamnés pour le même fait ; qu'en effet ces frais, à l'égard d'un individu mineur de moins de seize ans, acquitté pour avoir agi sans discernement, ont un caractère de réparations purement civiles envers le Trésor public, et ne sont qu'une restitution des avances auxquelles la nécessité de la poursuite a donné lieu ; que, par conséquent, le mineur qui, par son fait, a nécessité cette poursuite, doit être condamné au remboursement des frais envers l'État, solidairement avec les individus condamnés comme coupables du crime ou du délit qui a donné lieu au procès ; d'où il suit que l'arrêt attaqué, en condamnant le demandeur solidairement aux frais du procès, lui a fait une juste application de l'article 368 du Code d'instruction criminelle, rejette (1). »

La Cour suprême a consacré la même règle en matière de délits (2) et en matière de contraventions (3). « Attendu que les articles 161 et 162 du Code d'instruction criminelle, prescrivent de condamner le prévenu qui est convaincu de contravention de police, à la peine dont elle l'a rendu passible, ainsi qu'à la réparation du dommage qui en est résulté, et aux frais de la poursuite qui ne sont qu'une indemnité civile envers l'État ; que cette règle s'applique même au mineur âgé de moins de seize ans, qui

(1) Cass., 25 mars 1843, *Journal du droit criminel*, 1843, p. 205, art. 3380.
(2) Cass., 12 août 1845, *Journal du droit criminel* 1845, p. 327, art. 3478.
(3) Cass., 24 mai 1855, *Journal du droit criminel*, 1855, p. 265, art. 5984 ; Cass., 22 juin 1855, Sirey, 1855.1.619 ; Cass., 7 juillet 1864, *Journal du droit criminel*, 1865, p. 135, art. 8003 ; Cass., 7 janvier 1870 et 10 février 1870, Dalloz, 1876, p. 415.

est déclaré avoir agi sans discernement, puisque l'article 66 du Code pénal l'affranchit uniquement de la peine qu'il avait encourue; que le jugement par lequel il est renvoyé de la prévention, à raison de cette circonstance, doit, dès lors, prononcer en même temps contre lui les autres condamnations (1). »

Mais il faut bien remarquer que cette jurisprudence est unanime à considérer la condamnation aux frais comme la réparation civile du préjudice occasionné par sa faute à l'État.

Avant la loi de 1867 qui a décidé dans son article 13 que les tribunaux ne pouvaient prononcer la contrainte par corps contre les individus âgés de moins de seize ans accomplis à l'époque des faits qui ont motivé la poursuite, cette interprétation de la jurisprudence avait pour conséquence de ne condamner ce mineur au remboursement des frais que par le fait d'une action civile (2), par suite de ne permettre la poursuite de l'exécution de cette condamnation que par la voie civile (3) et par conséquent de rendre inapplicable contre ce mineur la contrainte par corps.

SECTION III. — *Quelle est la nature de la détention infligée à ce mineur malgré l'acquittement ?*

Aux termes de l'article 66, le mineur de seize ans est acquitté, s'il est décidé qu'il a agi *sans discernement* ; mais « il peut être, selon les circonstances, remis à ses parents, ou conduit dans une maison de correction, pour y être élevé et détenu pendant tel nombre d'années que le juge-

(1) Cass., 10 février 1876, Dalloz, 1876.1.445.
(2) Cass., 25 mars 1843, *Journal du droit criminel*, 1843, p. 203, art. 3380.
(3) Cass., 12 août 1845, *Journal du droit criminel*, 1845, p. 327, art. 3478.

ment déterminera, et qui toutefois ne pourra excéder l'époque où il aura accompli sa vingtième année. »

D'après le texte, l'enfant peut être détenu pendant tel nombre d'années que le jugement déterminera ; mais, d'après M. Villey, on peut interpréter cette phrase et admettre que l'enfant peut être détenu pendant tel temps, même moindre d'une année, qui sera indiqué (1).

La Cour de cassation a statué dans ce sens par arrêt du 8 février 1883 : « Attendu que l'article 66 du Code pénal, en autorisant les juges à ordonner que l'accusé âgé de moins de seize ans, qui est déclaré avoir agi sans discernement, sera remis à ses parents ou conduit dans une maison de correction, pour y être élevé et détenu pendant tel nombre d'années que le jugement déterminera, et qui toutefois ne pourra excéder l'époque où il aura accompli sa vingtième année, n'a établi qu'un *maximum* de la durée de la détention, et ne s'oppose pas à ce que cette détention soit fixée à moins d'une année ; d'où il suit qu'en ordonnant que l'enfant acquitté pour avoir agi sans discernement serait conduit dans une maison de correction pour être élevé et détenu pendant six mois, l'arrêt attaqué n'a point violé l'article 66 précité ; Rejette, etc. (2). »

Aux termes de l'article 3 de la loi du 5 août 1850 : les jeunes détenus acquittés en vertu de l'article 66 du Code pénal, comme ayant agi sans discernement, mais non remis à leurs parents, sont conduits dans une colonie pénitentiaire, ils y sont élevés en commun sous une discipline sévère, et appliqués aux travaux de l'agriculture, ainsi qu'aux principales industries qui s'y rattachent. Il est pourvu à leur instruction élémentaire.

(1) Villey, p. 101.
(2) Cass., ch. crim., 8 février 1883. Sirey, 1883.1.308.

Cette détention n'est point une peine : elle ne doit avoir, ni dans son but, ni dans son application, un caractère pénal : c'est « *un moyen de suppléer à la correction domestique, lorsque les circonstances ne permettent pas de confier le mineur à sa famille* » (Exposé des motifs).

La loi du 5 août 1850, sur l'éducation et le patronage des jeunes détenus, a essayé de répondre au but de cette institution (v. les art. 1, 3 et 9 de cette loi) (1).

Cette loi est venue développer le principe de l'éducation des jeunes délinquants, principe que les auteurs du Code pénal avaient eu le mérite de poser en ordonnant que les enfants seraient envoyés dans des maisons de correction pour y être élevés (2).

C'est une simple circulaire du Ministre de l'Intérieur, en date du 10 avril 1869, qui seule réglemente aujourd'hui l'application de la loi de 1850 ; voici comment ce ministre de 1869 résumait les principes de la loi :

« L'étude du règlement définitif fait ressortir toute l'importance des mesures qui concernent le régime matériel et le développement physique des jeunes détenus, mais on y trouve surtout la preuve que l'éducation morale et religieuse de ces enfants tient la première place dans les préoccupations de l'administration. Pour obtenir un résultat qui réponde à nos efforts communs, il est indispensable que les fondateurs de ces établissements se pénètrent de la même pensée... la loi dans sa prévoyance paternelle s'est moins proposé de punir ces enfants, que de les réformer, et il n'est pas impossible de remplir ce vœu de la loi en faisant revivre en eux, avant de les rendre à la société, l'amour du bien et le sentiment du devoir. »

(1) Villey, p. 104.
(2) Guillot, p. 372.

Il y a quelques années, un commandant de corps d'armée qui avait été ministre de la guerre, s'adressant à l'occasion d'une cérémonie aux enfants d'une colonie, leur disait :

« Le jour où vous serez appelés sous les drapeaux, entre vous et les enfants les plus favorisés de ce monde, toute différence aura disparu, car tous auront le même devoir : celui de verser leur sang pour la patrie. Comme la religion a ses martyrs, l'armée a ses héros, et ces derniers auront la suprême consolation que leur vie comme leur mort aura été utile au pays ; mais tous ne succombent pas au champ d'honneur : beaucoup jouissent de la récompense de leur bravoure et obtiennent le prix du devoir courageusement accompli. Pensez à cela, jeunes gens, et relevez la tête. »

N'est-ce pas définir en trois mots, dit M. Guillot, le véritable but de l'éducation correctionnelle? Elle n'est pas faite pour abaisser, mais pour montrer sans cesse la possibilité du relèvement (1).

Il ne faut pas perdre de vue d'ailleurs que les jeunes détenus ont été acquittés ; que ce n'est pas une peine qu'ils subissent et que l'article 66, en autorisant leur détention, a formellement exprimé que ce serait pour être élevés, c'est-à-dire pour recevoir les soins et l'instruction propres, non seulement à corriger leurs mauvaises habitudes, mais encore à leur fournir les moyens de pourvoir plus tard, par le travail, à leurs besoins. En un mot, cette détention ne doit être considérée que comme un supplément à la correction domestique, ou bien comme une mesure de discipline, ainsi que la Cour de cassation l'a décidé le 16 août 1822 et le 17 avril 1824.

(1) Guillot, *op. cit.*, p. 634.

Il en résulte que cette détention peut cesser par la libération conditionnelle dès que l'enfant se montre digne de cette faveur et, d'autre part, que les parents peuvent demander à reprendre sur leur enfant le droit de garde et d'éducation. Voici, à ce sujet, une circulaire du ministre de la justice de 1842 :

« L'article 66 du Code pénal donne la faculté aux tribunaux, soit de remettre les enfants à leurs parents, soit d'ordonner leur détention temporaire. Ils ne se décident ordinairement à prendre ce dernier parti que quand les parents, jugeant une correction nécessaire, refusent de réclamer leurs enfants, ou se trouvent dans une position qui ne leur permet ni de les surveiller ni de leur assurer un état. Or il arrive fréquemment qu'après le jugement les parents, soit qu'ils trouvent la correction suffisante, soit que leur position se soit améliorée, s'adressent à moi pour faire cesser la détention.

« Sans doute il serait à désirer qu'en pareil cas les tribunaux eussent le droit d'examiner eux-mêmes si l'autorité paternelle peut reprendre son cours, et si, par conséquent, il y a lieu de mettre un terme à une détention dont les motifs ont cessé. Mais la loi est restée muette sur ce point, et, pour faire ce que les magistrats auraient vraisemblablement ordonné, s'il leur avait été permis de revenir sur leur décision, il est juste et convenable que le ministre de la justice intervienne, puisqu'il s'agit d'une appréciation et d'un acte en quelque sorte judiciaire. Aussi mes prédécesseurs ont toujours exercé sans contestation le droit de remettre les enfants détenus à leurs parents, lorsque les circonstances qui s'étaient opposées à cette remise n'existaient plus, et que, par conséquent, on ne pouvait, sans méconnaître les véritables intentions du législateur, priver les enfants de l'éducation de famille, la meilleure de toutes, quand elle est entourée de garanties qui en assurent l'efficacité. J'ai moi-même exercé ce droit, et je continuerai à le faire, en ayant soin de ne rien négliger pour m'éclairer sur la convenance et l'utilité de son application (1). »

En somme, la détention dont nous nous occupons est infligée au mineur dans l'unique but de réformer son éducation et de le séparer d'un milieu mauvais où il ne pourrait avoir que de mauvais exemples et de mauvais conseils ; cette détention est une mesure de rénovation et non de répression.

Pour accomplir cette rénovation, pour qu'un enfant de seize ans qui vient de franchir le seuil de la colonie, qui y apporte ses habitudes de vagabondage et de désordre moral, la connaissance du mal et le souvenir de toutes les hontes dont il a été le témoin et la victime, puisse être devenu, le jour où il sortira, un homme honnête et laborieux, quelles sont les forces sur lesquelles la loi veut que les directeurs des colonies s'appuient ? Elle les définit et les résume en ces trois mots, qui sont à eux seuls tout un programme, éducation morale, religieuse et professionnelle (2).

« La faculté laissée aux tribunaux de remettre les enfants à leurs parents, ou de les faire élever et détenir dans une maison de correction, tend, par des moyens différents au même résultat, l'amélioration de ces enfants.

« La première de ces mesures, la remise aux parents, est la meilleure sans doute, quand on peut compter sur les bons exemples et la sage direction que les enfants re-

(1) Circulaire de M. Martin (du Nord), ministre de la justice, 6 avril 1842.
(2) Guillot, *op. cit.*, p. 159.

ceront dans leur famille ; et l'on ne doit recourir à la seconde que quand il y a lieu de penser qu'ils trouveront dans la maison de correction des soins et des enseignements que ne leur offrirait pas la maison paternelle. Il importe donc essentiellement que les tribunaux connaissent, avant de statuer, toutes les circonstances qui peuvent les déterminer à prendre l'un et l'autre parti.

« Le meilleur, le seul moyen de les éclairer à cet égard, est de faire procéder dans toutes ces affaires à une information préalable et de ne pas employer la voie de la citation directe, qui, restreignant l'instruction aux débats de l'audience, mettrait souvent les juges dans l'impossibilité de bien apprécier les causes de la mauvaise conduite des enfants et les garanties que présenteraient leurs parents.

« Une information préalable permet, au contraire, de constater la véritable position de ces enfants et de leurs familles ; elle apprend si les faits qui leur sont imputés doivent être attribués au défaut de surveillance, à la faiblesse ou à la mauvaise conduite de leurs guides naturels ; enfin elle aide à décider la question de discernement.

« Il faut donc requérir une information préalable, toutes les fois que les prévenus n'ont pas atteint leur seizième année. Il convient même de recueillir extra-judiciairement tous les renseignements qui peuvent éclairer sur leurs habitudes et celles de leurs familles ; ces renseignements doivent être consignés dans une notice dont je vous transmets le modèle et qui restera annexée à la procédure pour être ultérieurement consultée si le besoin s'en fait sentir » (1).

Aussi la détention dont nous nous occupons n'est-elle

(1) Circulaire du ministre de la justice du 6 avril 1842.

ordonnée que si les parents sont vraiment indignes de garder leurs enfants.

Au Congrès de Saint-Pétersbourg, un magistrat de Varsovie, M. de Moldenhawer s'exprimait ainsi dans son rapport (1).

« La statistique constate, au milieu d'un accroissement général de crimes, une progression effrayante pour ceux commis par les mineurs : la faute en est à la déchéance morale des parents.

En effet, ajoutait-il, ces derniers, vivant souvent sans respect pour les lois divines et humaines, ne sauraient inculquer à leurs descendants le respect dû à ces lois ; mais, ayant eux-mêmes perdu tout sentiment moral, ils sont dans l'impossibilité de le communiquer à leurs enfants.

Et cependant on est d'accord pour reconnaître que des mesures d'éducation réformatrice peuvent surtout être efficaces dans les familles, mais à la condition qu'il s'agisse de familles honnêtes.

Dans son rapport au Congrès d'Anvers de 1894, M. Jules Le Corbesier, conseiller à la Cour de Bruxelles, conclut que le placement de l'enfance dans les familles où il retrouve un foyer est le meilleur système.

Les comités de patronage fondés en Belgique en 1888 s'occupent de 3 catégories de malheureux ; les enfants martyrs, les mineurs libérés ou mis à la disposition du gouvernement et les vagabonds internés dans un dépôt de mendicité.

Pour les premiers, il s'agit d'une action préventive ; pour les autres, d'un relèvement. Il existe en Belgique six

(1) Rapport sur la 7e question de la 1re section, fascicule 7.

écoles affectées aux enfants mis à la disposition du gouvernement par les tribunaux. Chaque école est réservée à une catégorie.

Le Congrès de Paris (1895) répondait à la question 3 de la IVe section de la manière suivante :

1° Les enfants traduits en justice pourront, suivant leur âge, la nature des actes pour lesquels ils auront été traduits, et leur degré de discernement, être envoyés dans des établissements publics ou privés ayant soit un caractère de bienfaisance et de préservation, soit un caractère de réforme.

2° Les enfants de moins de douze ans seront toujours envoyés dans des établissements de préservation. Les enfants condamnés seront envoyés dans des établissements ou quartiers spéciaux.

3° Il est à souhaiter que la dénomination donnée à ces établissements ne soit pas de nature à porter préjudice à l'avenir des enfants.

4° Il appartient à l'autorité judiciaire de décider si l'enfant sera remis à la tutelle administrative. Le choix du régime et, s'il y a lieu, le changement à y apporter appartiendront à l'autorité chargée de l'éducation de l'enfant.

5° La mise en liberté provisoire sera prononcée toutes les fois que l'enfant qui en est l'objet sera considéré comme ayant reçu une instruction scolaire et professionnelle suffisante, après avis de l'autorité administrative, et pourvu qu'il soit justifié que l'enfant sera l'objet d'une surveillance continue, qu'il aura du travail assuré et qu'il sera pourvu à tous ses besoins matériels et moraux.

La quatrième section au Congrès de Paris avait aussi posé la question suivante : Question 2. — Dans quels cas le droit de garde par l'État serait-il utilement substitué à la déchéance de la puissance paternelle ?

Convient-il de conférer, dans toutes les circonstances, aux tribunaux de répression eux-mêmes, le soin de statuer sur le droit de garde ?

1° La privation du droit de garde doit pouvoir être, dans les cas dont les tribunaux seraient appréciateurs, substituée à la déchéance de la puissance paternelle ;

2° La juridiction civile est celle de droit commun pour statuer sur les questions intéressant les mineurs au point de vue de la tutelle et du droit de garde. Mais les tribunaux de répression, saisis d'une affaire dénotant l'indignité des parents, pourront eux-mêmes leur retirer le droit de garde.

Il reste à résoudre une dernière question. Les applications de l'article 66 doivent-elles être inscrites au casier judiciaire ?

Oui, d'après une circulaire du Garde des sceaux du 8 décembre 1868, soit que l'enfant ait été remis à ses parents, soit qu'il ait été envoyé dans une maison de correction.

Toutefois, d'après la même circulaire, les décisions prises concernant les jeunes délinquants en vertu de l'article précité ne doivent être relevées sur les bulletins n° 2 qu'autant que l'extrait est réclamé par le ministère public, on ne doit jamais les porter sur les bulletins délivrés aux administrations publiques ou aux particuliers (1).

(1) Dalloz, *Supplément du Répertoire alphabétique*, v° *Peine*, n° 400.

TITRE IV

Influence de la minorité de seize ans sur la pénalité.

Nous avons vu que le mineur de seize ans doit être *acquitté* quand il est reconnu avoir agi sans discernement, et nous avons dit que, dans ce cas, la minorité de seize ans constitue une cause de non-imputabilité entraînant un acquittement véritable.

S'il est décidé au contraire que le mineur de seize ans a agi avec discernement, il ne saurait en être ainsi : il ne peut être question en effet de non-imputabilité si le mineur a été plus ou moins en état d'évaluer l'action à laquelle il s'est livré.

Aussi le Code pénal, dans ses articles 67 et 69, nous indique-t-il les peines que ce mineur devra subir pour les différents crimes ou délits dont il s'est rendu coupable.

La pénalité cependant ne saurait être la même que pour les majeurs : « L'âge au-dessous de seize ans, disait M. Riboud dans son rapport au corps législatif, doit en atténuer la gravité sans l'effacer entièrement et par conséquent entraîner alors une peine quelconque, mais différente de celle que la loi inflige au crime. »

Quelle est la nature de cette cause d'atténuation ? Tous les auteurs sont d'accord pour admettre que la minorité constitue ici une excuse atténuante, mais quels sont les effets de cette excuse ? Ce sont les deux questions que nous allons examiner :

Section I. — Quelle est la nature de la cause d'atténua-

(1) Riboud, n. 51.

tion dérivant de la minorité de seize ans quand il est reconnu que le mineur a agi avec discernement ?

Section II. — Quels sont les effets de l'excuse atténuante résultant de la minorité de seize ans quand le mineur a agi avec discernement ?

SECTION I. — *Quelle est la nature de la cause d'atténuation dérivant de la minorité de seize ans quand le mineur a agi avec discernement ?*

Quand le mineur a agi avec discernement, il est impossible de le laisser impuni, mais, à raison de son jeune âge on peut l'excuser.

La minorité constitue alors une excuse atténuante.

« Lorsque le tribunal estime qu'une infraction a été commise avec discernement, par un mineur de seize ans, dit M. Garraud, l'âge devient, en principe, une *excuse atténuante* qui diminue la culpabilité et, par conséquent, la peine (1). »

Les travaux préparatoires du Code nous indiquent très clairement la volonté du législateur sur cette matière.

Dans son exposé des motifs, M. Faure (2) s'exprimait ainsi : « Si la décision porte que l'action a été commise avec discernement, il ne s'agit plus de correction : c'est une peine qui doit être prononcée. Seulement ce ne sera ni une peine afflictive ni une peine infamante. La loi suppose que le coupable, quoique sachant bien qu'il faisait mal, n'était pas encore en état de sentir toute l'étendue de la faute qu'il commettait, ni de concevoir toute la rigueur de la

(1) Garraud, *Précis*, p. 284.

(2) Exposé des motifs présenté par M. Faure au corps législatif sur le livre 2 du Code pénal (Séance du 3 fév. 1810).

peine qu'il allait encourir. Elle ne veut point le flétrir, dans l'espoir qu'il pourra devenir un citoyen utile : elle commue, en sa faveur, les peines afflictives en peines de police correctionnelle elle ; ne le soumet point à l'exposition aux regards du peuple. Enfin elle consent, par égard pour son jeune âge, à le traiter avec indulgence et ose se confier à ses remords. Quant à la proportion établie pour la durée de ces peines, relativement à celles qu'eût subies le condamné s'il avait eu plus de seize ans, nous nous abstiendrons d'entrer dans des détails qui seront suffisamment connus par la lecture des articles : ils sont d'ailleurs conformes à la loi de 1791. »

M. Riboud exposait ainsi dans son rapport les principes consacrés par la loi :

« Si le discernement a dirigé l'action, le crime reste et est punissable ; mais la peine ne sera point assimilée à celle des coupables qui ont atteint l'âge où l'homme est capable de connaître ce qui est bien ou ce qui est mal, et où rien ne peut atténuer ses égarements aux yeux de la loi.

En conséquence, lorsque le crime emporte une peine capitale ou perpétuelle, il n'est prononcé contre l'individu au-dessous de seize ans, que l'emprisonnement de dix ans au moins, et de vingt ans au plus. La loi de 1791 portait, sans minimum, vingt ans de détention, peine afflictive et infamante qui entraîne l'exposition.

Lorsque le crime doit être puni des travaux forcés à temps, l'emprisonnement sera de la moitié au plus, et du tiers au moins, du temps auquel l'accusé aurait été condamné, s'il avait eu plus de seize ans ; la durée de cet emprisonnement, par la loi de 1791, est égale à celle de la peine des fers qu'il aurait encourue, en sorte que, par le

Code proposé, elle sera inférieure de deux tiers, ou de moitié au moins.

Dans les cas ci-dessus le condamné peut être mis sous la surveillance de la haute police pendant cinq ans au moins, et dix au plus, si les juges croient cette mesure nécessaire pour l'intérêt de la société et celui de l'accusé dont la conduite coupable, dirigée par le discernement, peut inspirer des inquiétudes pour l'avenir.

Enfin, s'il a encouru la peine du carcan ou celle du bannissement, il sera emprisonné pour un an au moins et cinq au plus.

Vous voyez, messieurs, que les condamnés dont nous parlions n'éprouveront jamais qu'une peine correctionnelle, tandis que la loi actuellement en vigueur leur en impose de beaucoup plus longues et même d'infamantes. L'article 68 du projet interdit formellement à leur égard l'exposition publique; flétrir par l'infamie un enfant au-dessous de seize ans, c'est l'y vouer à jamais, c'est le constituer ennemi de la société en l'en séparant, et le placer en quelque sorte, dans la carrière du crime. Le garantir de cet anathème, c'est ouvrir son âme au repentir et ne pas l'empêcher de devenir meilleur (1). »

SECTION II. — *Quels sont les effets de l'excuse atténuante résultant de la minorité de seize ans quand le mineur a agi avec discernement ?*

Nous allons examiner :

1° Les effets de l'excuse atténuante sur la peine ;

2° Les effets de cette excuse sur la responsabilité civile.

(1) Rapport au Corps législatif par M. Riboud, membre de la commission de législation, sur la loi formant le livre 2 des délits et des peines (séance du 13 février 1810), n° 2.

§ 1. — Quels sont les effets de l'excuse atténuante résultant de la minorité de seize ans quand le mineur a agi avec discernement ?

Ce sont les articles 67 et 69 du Code pénal, qui déterminent l'atténuation de peine qui est la conséquence de la minorité de seize ans :

Art. 67. — « S'il est décidé qu'il a agi *avec discernement*, les peines seront prononcées ainsi qu'il suit :

S'il a encouru la peine de mort, des travaux forcés à perpétuité, de la déportation, il sera condamné à la peine de dix à vingt ans d'emprisonnement dans une maison de correction.

S'il a encouru la peine des travaux forcés à temps, de la détention (1) ou de la réclusion, il sera condamné à être renfermé dans une maison de correction pour un temps égal au tiers, au moins et à la moitié, au plus, de celui pour lequel il aurait pu être condamné à l'une de ces peines.

Dans tous les cas, il pourra être mis, par l'arrêt ou le jugement, sous la surveillance de la haute police pendant cinq ans au moins et dix ans au plus.

S'il a encouru la peine de la dégradation civique (2) ou du bannissement, il sera condamné à être enfermé d'un an à cinq ans dans une maison de correction (3). »

L'article 69 du Code pénal décide : « Dans tous les cas où le mineur de seize ans n'aura commis qu'un simple délit, la peine qui sera prononcée contre lui ne pourra

(1) C'est la loi du 28 avril 1832 qui a ajouté la détention.

(2) L'ancien article mentionnait le carcan au lieu de la dégradation civique.

(3) En outre, l'ancien article 68 décidait que dans aucun des cas prévus par l'article précédent, le condamné ne subirait l'exposition publique.

s'élever au-dessus de la moitié de celle à laquelle il aurait pu être condamné s'il avait eu seize ans.

L'ancien article était ainsi formulé : Si le coupable n'a encouru qu'une peine correctionnelle, il pourra être condamné à telle peine correctionnelle qui sera jugée convenable, pourvu qu'elle soit au-dessous de la moitié de celle qu'il aurait subie s'il avait eu seize ans.

C'est la loi du 28 avril 1832 qui a modifié ce dernier texte et l'a remplacé par la rédaction que nous avons indiquée en premier lieu.

Cet article 69 est applicable à tous les délits, qu'ils soient prévus par le Code pénal ou par des lois spéciales. La Cour de cassation en a fait application en matière de délits de chasse (1), de douanes, de contributions directes ; mais étant donnée la jurisprudence que nous avons signalée relativement aux amendes en matière fiscale, elle décide en général que l'article 69 ne saurait diminuer ces amendes. C'est ainsi que la Cour de Pau, dans son arrêt du 23 mars 1889, a décidé que, si un mineur agit avec discernement, cette circonstance est sans influence sur l'amende à laquelle il doit être condamné ; qu'en effet l'amende, en matière de contributions indirectes, n'ayant point le caractère d'une peine, mais d'une réparation civile, il en résulte qu'il y a lieu de la prononcer, alors même que le prévenu est acquitté comme ayant agi sans discernement ; que, par suite, si le mineur de seize ans est reconnu avoir agi avec discernement, il ne saurait y avoir lieu de réduire l'amende de moitié, conformément à l'article 69 du Code pénal ; puisque cette amende n'est point une peine, mais une réparation civile, à laquelle le mineur de seize ans,

(1) Cass., 9 avril 1875, Dalloz, 1877.1.508.

acquitté comme ayant agi sans discernement, doit être condamné au même titre qu'au payement des frais (1).

Telle est l'atténuation des peines indiquée par l'article 69 du Code pénal ; mais le mineur peut encore obtenir des circonstances atténuantes et, dans ce cas, il bénéficiera de deux causes d'atténuation.

La difficulté consiste à savoir laquelle des deux doit passer la première.

La Cour de cassation, par arrêt du 5 mai 1887, a reconnu que, dans le cas de déclaration de culpabilité, mitigée de circonstances atténuantes, d'un mineur de seize ans ayant agi avec discernement, il y a lieu de déterminer préalablement la peine par lui encourue, indépendamment de sa qualité de mineur, pour appliquer ensuite l'atténuation résultant de la minorité.

La Cour criminelle de Chandernagor (Inde française) avait condamné un mineur le 22 février 1887 à huit années d'emprisonnement dans une maison de correction ; le crime dont le demandeur était déclaré coupable entraînait la peine de mort ; cette peine, à raison des circonstances atténuantes, pouvait être facultativement réduite par la Cour criminelle à celle des travaux forcés à perpétuité, ou à celle des travaux forcés à temps (art. 463, C. pén.) ; la Cour de Chandernagor avait d'abord réduit la peine en tenant compte des circonstances atténuantes, puis avait ensuite appliqué l'atténuation résultant de la minorité. Sur pourvoi formé contre cet arrêt, la Cour de cassation décida que la Cour criminelle de Chandernagor, en prononçant contre le demandeur la peine de huit années d'emprisonnement, s'était tenue dans les limites de la pé-

(1) Cour de Pau, 23 mars 1889, Sirey, 1889.2.152.

nalité portée par les articles 463 et 67 du Code pénal et que, loin de violer ces articles, elle en avait fait, au contraire, une juste et exacte application.

La Cour suprême donnait comme motif de sa décision que la Cour criminelle devait tenir compte de chacune des circonstances de culpabilité, discernement et circonstances atténuantes pour l'application de la peine, en prenant pour point de départ les réponses aux questions posées, et après avoir ainsi fixé, eu égard à tous les éléments de ces réponses, la peine légalement applicable, en modifiant cette peine conformément aux dispositions de l'article 67 du Code pénal ; que ce mode de procéder, qui s'associe avec les règles relatives à l'application de l'article 463 du Code pénal, soit que l'on considère ces conséquences, soit que l'on considère l'esprit de la loi, s'appuie d'ailleurs sur le texte même de l'article 67, lequel, en effet, pose pour base de l'atténuation de la peine dérivant de la minorité de l'accusé qui agit avec discernement la détermination préalable de la peine par lui encourue, indépendamment de la qualité de mineur (1).

M. Villey, dans une note, a critiqué la doctrine que consacrait cet arrêt ; il affirme que l'excuse légale doit fonctionner avant les circonstances atténuantes, comme le décide la Cour suprême elle-même, en matière d'excuse de provocation (2).

Voici l'intérêt de la question, dit M. Villey. Si l'on commence par les circonstances atténuantes, la Cour aura à examiner si elle doit appliquer seulement l'abaissement obligatoire d'un degré, ou l'abaissement facultatif d'un

(1) Cass., 5 mai 1887, Sirey, 1889, 1, 42.

(2) M. Villey cite comme derniers arrêts en ce sens : Cass., 5 mai 1881, Sirey, 1881.1.332 et Cass., 7 avril 1887, *Bull. crim.*, n° 135.

second degré; dans le premier cas, la peine serait celle des travaux forcés à temps, et l'atténuation de l'article 67 convertira cette peine en une détention dans les limites de vingt mois à dix ans ; dans le second cas, la peine serait celle de la réclusion, et l'application de l'article 67 la ferait descendre à une détention dans les limites de vingt mois à cinq ans. Si, au contraire, on commence par l'application de l'article 67, la peine des travaux forcés à perpétuité se trouve convertie en une détention de dix à vingt ans, et la Cour pourra, en cas de circonstances atténuantes, user de l'atténuation presque illimitée qu'autorise l'article 463. Dans la première hypothèse, la déclaration de circonstances atténuantes appartient au jury ; mais son effet est assez limité ; dans la deuxième, elle appartient à la Cour, mais son effet peut être beaucoup plus considérable (1).

Dans le système de la jurisprudence, la Cour doit d'abord examiner si, dans le cas où l'accusé serait majeur, elle n'abaisserait la peine que d'un degré, par suite de l'admission des circonstances atténuantes, ou si elle userait de l'abaissement facultatif d'un deuxième degré. Mais voilà une question singulièrement embarrassante, dit M. Villey, comment la résoudre sur *une hypothèse* ? Les circonstances atténuantes ont pour but d'adoucir une peine excessive pour un agent déterminé : mais comment décider *in abstracto* si, en supposant l'accusé majeur, on abaisserait la peine d'un ou deux degrés, alors qu'on sait qu'il y a par derrière une atténuation légale qui va complètement transformer la peine ? Ce mode de procéder paraît aux yeux de M. Villey contraire à la logique.

(1) Villey, note sous cass., 5 mai 1887, Sirey, 1889.1.41, 1re colonne.

M. Villey invoque ensuite les principes et les textes.

Les principes d'abord. Le but principal des circonstances atténuantes, c'est de permettre de tempérer la pénalité quand elle est excessive. « Il fallait, dit l'exposé des motifs de la loi de 1832, trouver un moyen d'étendre à *toutes les matières* la possibilité d'adoucir les rigueurs de la loi autrement que par une minutieuse revision des moindres détails. Pour atteindre ce but, le projet de loi a introduit dans les affaires de grand criminel la faculté d'atténuation que l'article 463 ouvre pour les matières correctionnelles ». Si les circonstances atténuantes ont principalement pour but de permettre d'adoucir les peines applicables à chaque accusé, dit M. Villey, ne faut-il pas que les peines soient préalablement déterminées d'une manière complète, et que les circonstances atténuantes fonctionnent en dernier lieu ? Incontestablement les juges ont le droit, puisque le législateur a étendu à toutes les matières les circonstances atténuantes, d'appliquer s'ils le veulent, des circonstances atténuantes parce que l'accusé est mineur, parce qu'ils estiment que la peine qui résulte de la combinaison de l'article 67 avec le texte applicable au fait incriminé est encore excessive dans le cas qu'ils ont à juger. Mais, pour exercer ce droit, ne faut-il pas que la peine soit préalablement déterminée par l'application de l'excuse légale ?

M. Villey invoque ensuite les textes. De la combinaison des articles 58, 67 et 463, il lui paraît résulter que l'ordre à suivre est le suivant : 1° atténuation de l'âge ; 2° aggravation de la récidive ; 3° atténuation des circonstances atténuantes. On invoque cependant le texte de l'article 67, « lequel pose pour base de l'atténuation de peine dérivant de la minorité de l'accusé qui agit avec discernement la détermination préalable de la peine par lui encourue, indépendamment de la qualité de mineur », mais M. Villey déclare ne pas saisir la portée de cet argument. La loi ne pouvait prendre pour base de l'atténuation que la peine encourue par le mineur indépendamment de sa qualité de mineur. Et ce texte sainement interprété condamne le système de la jurisprudence ; ce texte dit : s'il a *encouru* telle ou telle peine, il sera condamné à telle ou telle peine. Or M. Villey soutient que la peine *encourue* par un agent qui commet un crime quelconque, c'est la *peine prononcée par la loi contre le crime*, et non la peine qui peut être appliquée en vertu des circonstances atténuantes. Et c'est ainsi que la loi a toujours été entendue, par exemple, dans l'application de l'article 59, qui punit les complices d'un crime ou d'un délit de la même peine que les auteurs mêmes de ce crime ou de ce délit ; cela veut dire de la peine *encourue* par les auteurs du crime ou du délit ; en d'autres termes, *de la peine prononcée par la loi contre l'infraction*.

M. Villey invoque enfin, en faveur de la solution qu'il défend, le texte de l'article 463 : « *Dans tous les cas* où la peine de l'emprisonnement et celle de l'amende sont prononcées par le Code pénal, si les circonstances paraissent atténuantes, etc. » L'excuse de la minorité n'est-elle pas précisément un des cas où la peine de l'emprisonnement est prononcée par le Code pénal, et ne résulte-t-il pas de là encore la preuve que l'atténuation des circonstances atténuantes doit suivre et non précéder l'atténuation de la minorité.

Le système de la jurisprudence est en outre de nature à produire de bizarres conséquences : 1° Si le mineur a commis un crime emportant la peine de mort et que le jury ait accordé des circonstances atténuantes, quelle sera la peine applicable? Par l'effet des circonstances atténuantes, la peine de mort peut être changée en celle des travaux forcés à perpétuité ou des travaux forcés à temps; mais la peine de mort se convertit, par l'excuse de la minorité, de même que celle des travaux forcés à perpétuité, en une détention de dix à vingt ans; la Cour pourra-t-elle, n'usant que d'un degré d'abaissement, condamner le mineur à une peine supérieure à dix années, ce qui est la moitié des travaux forcés à temps? Si on dit oui, et la Cour de cassation a rendu en ce sens un arrêt (1) que M. Villey approuve, la déclaration de circonstances atténuantes n'aura produit aucun effet, puisque les travaux forcés à perpétuité et la peine de mort sont placés sur la même ligne que l'article 67; si on dit non (2), on viole l'article 463 en *obligeant* la Cour à user même de l'abaissement *facultatif* d'un second degré.

2° Un mineur a commis un crime passible des travaux forcés à temps. S'il est jugé par le tribunal correctionnel, conformément à l'article 68, et que ce tribunal admette l'existence de circonstances atténuantes, la peine pourra descendre jusqu'aux peines de simple police; car, aux termes de l'article 67, la peine des travaux forcés à temps se convertit, par l'effet de la minorité, en un emprisonnement de vingt mois à dix ans, et, aux termes de l'article 463, cet emprisonnement peut être réduit au niveau des peines de simple police. Mais, si le mineur est jugé par la Cour d'assises, parce qu'il a eu des complices majeurs (art. 68), et que le jury déclare en sa faveur des circonstances atténuantes, la peine ne pourra descendre

(1) Cass., 9 juillet 1841, *Bull. crim.*, n° 209.
(2) Blanche, II, n° 325.

au-dessous de huit mois, le minimum des peines qu'il encourt par l'effet des circonstances atténuantes étant de deux années. » Est-il admissible, dit M. Villey, que la peine varie uniquement d'après la juridiction saisie (1) ? »

Nous croyons donc que le juge doit d'abord fixer la peine abstraction faite des circonstances atténuantes, puis opérer la réduction résultant de l'excuse.

Si un mineur de seize ans est en récidive et qu'il obtienne les circonstances atténuantes, nous avons à la fois excuse de la minorité, récidive et circonstances atténuantes.

L'excuse doit passer avant la récidive. Ceci résulte d'une circulaire du Ministre de la justice relative à l'explication de la loi de 1863 ainsi que du texte de l'article 57 du Code pénal d'après lequel quiconque, ayant déjà été condamné dans certaines conditions, aura commis un crime qui ne devra être puni que de peines correctionnelles, sera condamné au maximum : par conséquent, avant de le condamner au maximum pour cause de récidive, on sait que le crime de l'inculpé ne sera frappé que de peines correctionnelles, parce que le crime est excusé. Il en résulte qu'on tiendra compte en premier lieu de l'excuse de la minorité.

En deuxième lieu, il faudra calculer l'aggravation résultant de la récidive, car de l'article 463 du Code pénal, il résulte que le législateur a manifestement voulu faire passer les circonstances atténuantes après la récidive.

En troisième lieu, il faudra tenir compte des circonstances atténuantes.

(1) Villey, note dans Sirey, 1880. 1. 41, 2e colonne.

§ 2 — L'enfant, qui a agi avec discernement, peut-il être condamné aux réparations purement civiles ?

S'il est reconnu que l'acte a été commis avec discernement, ce dont le jury décide en matière criminelle et les juges en matière correctionnelle ou civile, on ne peut plus considérer le dommage comme émanant d'un agent assez aveugle pour qu'on ne doive l'attribuer qu'au hasard, à un cas fortuit, comme lorsqu'il s'agit d'un mineur dans les années de l'enfance (1). « Dès qu'une personne, dit Pothier, a l'usage de sa raison et que l'on aperçoit, dans le fait par lequel elle a causé quelque tort à un autre, de la réflexion et de la malignité, le fait est un délit et la personne qui l'a commis, quoiqu'elle n'ait pas atteint l'âge de puberté, contracte l'obligation de réparer le tort qu'elle a causé (2). »

Quant au mineur, même au-dessous de seize ans, mais ayant agi avec discernement, Sourdat pense, avec Delvincourt, qu'il encourt la responsabilité civile et il cite à l'appui de son opinion :

1° Un texte d'Ulpien : *Quod si impubes id fecerit, Labeo scribit, quia furti tenetur, teneri et Aquilia eum ; et hoc puto verum si sit jam injuriæ capax* (3) ;

2° L'article 1310 du Code civil, qui déclare que le mineur n'est point restituable contre les obligations résultant de son délit ou de son quasi-délit ;

3° L'article 67 du Code pénal, lui impose même une responsabilité pénale, en modérant toutefois les peines ;

4° La jurisprudence qui décide que le mineur, acquitté

(1) Sourdat, *op. cit.*, n° 416, p. 457.
(2) Pothier, *Obligations*, n° 118.
(3) Loi 5, § 2, Dig., *Ad Leg. Aquil.*

pour avoir agi sans discernement, peut être condamné aux frais et aux amendes, auxquelles on n'attribue que le caractère de simples réparations civiles (1).

Ce ménagement pour la faiblesse de l'âge, consacré par l'article 67, ne devrait-il pas être étendu à la fixation des indemnités? Nous ne le pensons pas, ajoute Sourdat. « Car si la réparation se proportionne au préjudice causé, elle se mesure aussi à la faute d'où il résulte. Or il est clair que la faute est moins grande de la part d'un enfant. Au reste la question de savoir si l'agent avait le discernement, comme aussi quelle est l'étendue de la faute et comment elle doit influer sur la fixation de la réparation, l'appréciation de ces questions, disons-nous, est abandonnée entièrement à la sagesse des magistrats (2). »

(1) Sourdat, cependant, n'accepte pas cette jurisprudence sur ce point.
(2) Sourdat, *op. cit.*, n° 17, p. 11.

CONCLUSION

Nous avons vu que trois réformes se dégageaient de l'ensemble des propositions faites dans les congrès pénitentiaires internationaux ou dans les comités de défense.

1° La première réforme consisterait à ne pas poursuivre les enfants au-dessous d'un certain âge, qui serait considéré comme un âge d'irresponsabilité absolue.

2° La deuxième avait pour but de reculer la majorité pénale jusqu'à l'âge des engagements militaires, c'est-à-dire jusqu'à l'âge de dix-huit ans afin de permettre surtout aux enfants abandonnés de trouver dans l'armée un refuge et une famille.

3° La troisième aurait pour but d'augmenter les attributions des juridictions d'instruction, d'éviter autant que possible aux enfants la publicité des audiences et la flétrissure du casier judiciaire en permettant de prendre contre eux des mesures de réformation et d'éducation.

Les trois réformes nous paraissent dériver d'un même but : c'est que tous les criminalistes de tous les pays sont d'accord aujourd'hui pour estimer que la seule voie à suivre pour corriger l'enfance et la protéger en même temps consiste à prendre contre les enfants coupables des mesures d'éducation.

Il ne s'agit donc plus à leurs yeux de suivre les principes de droit commun pour la répression des crimes ou délits commis par les enfants ; il s'agit d'arracher les enfants aux influences néfastes, aux mauvais exemples et aux mauvais conseils et les mettre en mesure de suivre une vie honorable après leur avoir donné une éducation sévère.

Sans doute, la loi pénale française avait posé les bases de cette éducation correctionnelle de l'enfance coupable, mais elle avait aussi posé un principe trop absolu en obligeant les juges à trancher presque à l'improviste la question de discernement.

En réalité, dit M. Guillot (1), la distinction de notre Code pénal entre les enfants ayant agi avec ou sans discernement est pleine de subtilité et livre à l'arbitraire du juge des problèmes psychologiques qui embarrasseraient plus d'un philosophe et qu'il faut résoudre en quelques minutes sur des données souvent bien incomplètes.

Il n'est pas, écrivait le vicomte d'Haussonville dans son rapport sur le régime des établissements pénitentiaires, « un seul directeur de colonie publique ou privée qui ne nous ait déclaré qu'il n'y avait aucune distinction à faire entre les enfants envoyés en correction en vertu de l'article 66, et ceux condamnés en vertu de l'article 67, à l'avantage des premiers ou au détriment des seconds ».

Aussi, depuis longtemps, d'excellents esprits pensent-ils que la loi est dans le faux, dans la convention, en prétendant distinguer les jeunes prévenus en deux catégories : la vérité, c'est que tous, les aliénés et les idiots exceptés, bien entendu, ont un discernement suffisant pour qu'ils aient une responsabilité proportionnée à leur âge : tous ont su ce qu'ils faisaient, ils l'ont fait parce qu'ils y trouvaient un avantage, parce qu'ils comptaient ne pas être vus et échapper ainsi à des conséquences pénales dont ils étaient parfaitement instruits ; mais tous ont été mal élevés et ont le même droit et le même intérêt à recevoir de

(1) Guillot, *L'enfance*, Rapport au Ve Congrès pénitentiaire international, 1895, p. 349.

la société l'éducation moralisatrice et répressive que leur famille n'a pas su leur donner.

La seule distinction rationnelle qu'il y aurait à faire entre eux, ce serait de leur distribuer cette éducation dans des établissements divers correspondant à leur âge et à leur état moral (1).

Pour arriver à réformer les enfants coupables, pour assurer aux enfants moralement abandonnés une éducation honnête, est-il nécessaire de corriger notre Code et d'adopter des règles nouvelles ? Nous ne le croyons pas.

Est-il indispensable d'établir un âge d'irresponsabilité légale et de reculer la minorité pénale jusqu'à dix-huit ans ? Notre loi n'est-elle pas plus sage en laissant aux magistrats la faculté de baser leurs décisions sur les circonstances ?

Quant à modifier les règles de procédure, nous n'en voyons pas non plus la nécessité : tout au plus serions-nous d'avis d'augmenter les pouvoirs des juges d'instruction et de leur permettre de prendre en vertu de la loi les mesures qu'ils prennent aujourd'hui au nom de l'équité.

(1) Guillot, *op. cit.*, p. 350.

Vu :
Le Président de la thèse,
A. LE POITTEVIN.

Vu :
Le Doyen,
E. GARSONNET.

Vu et permis d'imprimer :
Le Vice-Recteur de l'Académie de Paris,
GRÉARD.

TABLE DES MATIÈRES

Imp. G. Saint-Aubin et Thevenot. — J. Thevenot successeur, Saint-Dizier (Haute-Marne).

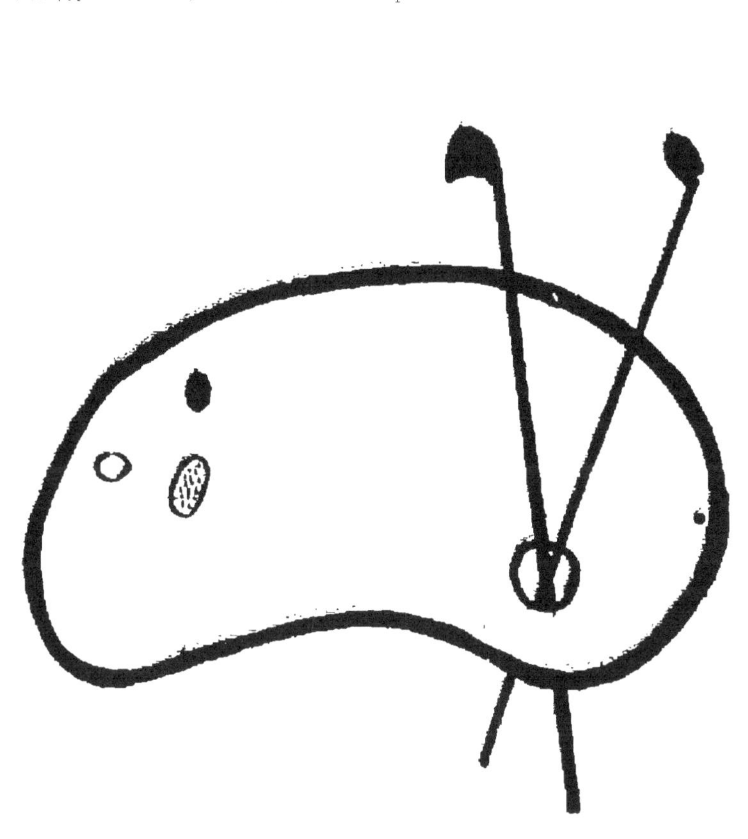

www.ingramcontent.com/pod-product-compliance
Ingram Content Group UK Ltd.
Pitfield, Milton Keynes, MK11 3LW, UK
UKHW020326230726
13925UKWH00002B/656

9 782013 670203